KB261924

감성 발달을 돕는 부모 역할

감성 발달을 돕는 부모 역할

사□□계절

감성 발달을 돕는 부모 역할

김성의 지음

사□□계절

“왜 울어? 뚜—욱! 그치지 못해?”
그러나 인간 최초의 언어는 울음이었습니다.
아이를 맘대로 울지 못하게 하는 것은 어쩌면 아이에게 벙어리로
살아 가라는 말과 같을지도 모릅니다.
아이가 우는 것은 자신의 의사 표현이기도 합니다.
슬픔과 괴로움, 이 모든 감정을 마음껏 표출하게 해 주세요.
오히려 아이가 울 때는 따뜻하고 여유 있게 달래 주세요.
“꼬꼬 닭아 우지 마라. 멍멍 개야 짖지 마라.” 등의
전래동요를 들려 주면서 …….

아이를 소리 없이 흐느끼게 해서는 더욱 안 됩니다.
아이들은 마음의 상처를 받게 되면 다른 사람을 방해하고
화를 내는 행동으로 표현합니다.
아이의 눈에 비친 세상은 너무나 아름답고 즐거움 가득한
곳인데도 말입니다.
어머니!
어떤 기쁨으로 아이의 성장을 도와야 하는지
여기에 모든 것을 담아 보았습니다.
아주 조심스럽게 …….

— 저자 서문을 대신하여 —

자녀에게 행복을 주려면

1. 행복한 아이 91

2. 소리 없이 우는 아이 103

내 아이, 이럴 땐 어떻게 하지요? (전국 어머니들의 상담 사례)

· 부록 ·
전통 태교에는 어떤 것이 있을까요?

새 생명의 탄생 전에

♠ 1개월

'우리 만남은 우연이 아니야 ~.'
난자가 정자에게 다가가더니 이렇게 말했어요.
넌 어디서 왔니? 여긴 함부로 들어오는 곳이 아니야!
너는 참 예쁘게 생겼구나. 그러지 말고 나를 받아 줘. 너와 내가 사이 좋게 지내면 아주 신비스러운 일이 일어난단다. 우리 함께 놀지 않을래?
그런데 우리 무엇을 하며 놀지?
아! 그래. 우리 전쟁 놀이 하면서 재미있게 놀자!
와! 수십억 개의 친구들이네!
영차 영차, 난자를 뚫어 보자. 어디 한번 뛰어 볼까! (팔짝) 휴! 이제 좀 쉬어야겠다. 그런데 여기가 어디일까? 우리의 따뜻한 보금자리일까?
2~3mm의 작은 몸.
나의 별명은 '장군님 Y'지. 너의 멋진 별명은 '공주님 X'.
아! 여기다. 그래, 여기가 나의 보금자리야.

엄마! 고마워요.
나, 여기서 따뜻한 봄을 맞을 거예요. 엄마, 미안. 조금만 참아 주세요. 곧 기쁨을 한 아름 안겨 드릴 게요.
(잠깐만요. 주의할 게 있어요. 수술을 했었거나, 상처가 많거나, 신경이 지나치게 예민하면 제가 보금자리를 찾을 수 없어요. 그리고 자궁 밖으로 밀려 나오면 난산의 원인이 되기도 한답니다. 알아 두세요. 저를 위해 몇 가지만 꼭 기억해 두세요.)

엄마, 나 여기 있어요. 아직 모르시겠죠? 하지만 몇 달만 참아 주세요. 그런데 저는요, 너무 춥거나 더운 것은 싫어요. 물론 약도 싫구요. X선 검사하는 것도 너무 싫어요. 엄마는 아직 저의 존재를 알아차리지 못하시지만 제가 엄마 곁에 보금자리를 정한 지 벌써 21일이나 되었다구요.

엄마의 따뜻한 양수가 너무너무 편안해요. 저만 이렇게 편안해서 좀 죄송스러운데, 어쩌죠? 갑자기 힘이 빠지고 열이 난다고요. 그렇다고 짜증내면 저도 싫어요.

엄마, 아마 가슴도 민감해져서 조금만 스쳐도 아프실 거예요. 그것은 제가 여기 있는 것을 엄마에게 알려 드리는 첫번째 신호랍니다.

엄마, 저는 엄마의 따뜻한 보금자리에서 엄마의 사랑을 듬뿍 받으며 아홉 달 동안 편안하고 건강하게 살고 싶어요. 도와 주실 거죠, 네?

"누가 수영을 가장 잘하나 시합해 보지 않을래?"
"나를 따르라, 내가 대장님이시다."
"와! 너무 멋져. 이런 훌륭한 방이 있는지 정말 몰랐어!"

아쉽지만 지금은 엄마에게 저의 모습을 보여 드릴 수가 없어요. 조금 못생겼거든요. 하지만 조금만 있으면 엄마 아빠를 닮은 멋진 모습으로 변할 거예요. 그 때 보여 드릴 게요.

♠ 2개월

엄마, 한 달 동안 수고 많으셨지요?

이제 제법 저의 형태가 이루어진 듯한 느낌이 들지 않으세요? 아마 기대하셔도 좋을 것 같아요.

그런데 엄마, 이 시기에 저의 척추와 신경세포의 약 75% 정도가 발달한다는 것 알고 계세요?

모르셨다구요? 하지만 그렇게 신경쓰지 않아도 돼요. 제 키는 2~3mm 정도이고 몸무게는 4~4.5g 정도밖에 되지 않으니까요.

엄마 있잖아요, 이제부터 생리가 없어지고 입맛도 없어지기 시작할 거예요. 그렇다고 저 미워하면 안 돼요. 그리고 너무 걱정하지 마세요.

그런데 엄마, 제가 뭐 하고 노는지 궁금하지 않으세요?

주로 수영을 하면서 놀아요. 수영하는 저의 모습이 어떤지 궁금하시죠?

엄마, 저는 엄마가 저를 사랑한다고 말해 줄 때가 제일 기분 좋아요.

아참, 맛있는 음식도 골고루 주시는 것 잊지 마세요.

그런데 엄마, 저는 아직 음식 맛을 잘 모르나 봐요. 제가 만약 음식을 심하게 거부하면 의사 선생님과 상의해 보세요.

엄마, 어제 저는 무척 화가 났어요. 엄마는 재미있었는지 몰라도 밤새도록 '빙글빙글' 춤에 시달리느라 지금도 머리가 띵 하고 기분이 좋지 않아요.

엄마! 또 그렇게 제 생각은 하나도 하지 않고 엄마 마음대로 행동하시면 정말로 화낼 거예요. 너무 힘들어서 보금자리를 떠나고 싶을지도 몰라요. 3개월까지는 심한 노동이나 과격한 운동은 피하셔야 해요. 제가 위험에 빠지거든요. 그리고 여행할 일이 생기더라도 5~6개월 후로 미루셔야 해요. 특히 비행기 여행은 절대 안 돼요.

엄마, 저는 어제 밤새도록 한숨도 자지 못했어요. 너무 어지러웠거든요. 이럴 때는 엄마, 칼슘이 많은 귤이나 우유, 주스, 케일즙 등이 좋대요. 그리고 가야금 소리나 하모니카, 바이올린으로 연주하는 클래식 등을 많이 들려 주세요. 부탁해요!

친구도 좋은 친구만 만나고 옷도 밝은 색 옷을 입어 주세요. 편안한 옷을 엄마가 입으시면 엄마의 넉넉한 품이 그대로 전해져 기분이 좋아진답니다. 그리구요, 신발도 굽이 낮고 편안한 것을 신고 다니시면 좋겠어요. 높은 것을 신고 다니시면 제가 흔들려서 중심을 잡지 못한답니다.

엄마, 지금 뭐 하세요? 강아지 '메리'는 다른 곳으로 보내시면 안 되나요? 강아지는 간혹 질병을 가져다 줄 수도 있대요.

나, 욕심쟁이라고 엄마가 미워하거나 짜증내시면 전 정말 우울해져요. 항상 사랑하는 마음으로 대해 주세요.

아! 이제 기분이 조금 상쾌해졌어요.

**♣ 사랑하는 아가에게

오늘 엄마는 많이 놀랐단다. 혹시나 하면서 병원에 가긴 했지만, 이렇게 귀엽고 예쁜 네가 있는 줄 몰랐단다. 엄마는 너무 기쁘구나. 어제는 그것도 모르고 엄마가 무리를 했구나. 네가 힘들었을 것을 생각하니 미안하다. 요번 한 번만 봐 주렴. 이제부턴 조심해서 우리 예쁜 아기, 엄마가 잘 돌봐 줄게.

임신 중의 주의 사항

임신 사실을 안 즉시 태교를 시작하는 것이 좋습니다. 복용 중인 약은 일체 중단하셔야 합니다. 가벼운 산책과 요가는 혈액 순환에 많은 도움을 줍니다.

요가 중에 '아치 포즈' 같은 것은 피하는 것이 좋고 전문의의 지도 하에 행하는 것이 좋습니다. 술이나 담배, 그리고 커피와 홍차 등은 피하셔야 합니다. 또한 다른 사람의 말을 많이 하고 흥분시키는 사람은 될 수 있는 한 가까이 하지 않는 것이 좋습니다.

♠ 3개월

엄마, 벌써 100일이 되어 가요.

엄마, 제가 이를테면 새싹에서 줄기로 변화하는 시기인 줄 알고 계세요? 지금까지는 피부를 통해 산소와 영양을 흡수했는데, 이제부터는 엄마의 탯줄을 통하여 흡수하게 된답니다. 그리고 먹고 싶은 것이 많아지는 때예요. 맛있는 것 골고루 주셔야 해요.

엄마의 예쁜 얼굴과 아빠의 멋있는 모습을 닮아 가고 있는 중요한 달이랍니다. 보여 드리고 싶지만 조금만 참으세요.

그리고 엄마, 부끄럽지만 제법 저의 성기도 자랑할 수 있게 되었어요.

이크, 어쩌지? 갑자기 쉬가 하고 싶어졌어요. 으——, 실례! 아, 시원하다!

쉬를 하고 나니까 참 기분이 좋아요. 목욕도 해야겠어요. 좌로 싹싹, 우로 쓱쓱. 하나, 둘, 셋…….

엄마도 제 기분을 아셨나 봐요.

우리 엄마 최고야!

엄마는 정말 훌륭해요. 엄마가 저를 위해 임신 체조라는 것을 하시는데, 엄마가 이 운동을 하면 눈이 핑핑 돌 때도 있지만 무지무지하게 기분이 상쾌해져요.

그런데 엄마, 임신 체조를 하는 시기와 방법에 대해서는 반드시 의사나 전문가와 상의한 뒤에 하시는 것 아시죠? 잊어서는 안 돼요!

엄마! 엄마도 자주 쉬 하고 싶어지죠? 그리고 소화도 잘 되지 않고요. 변비나 설사를 할 수도 있을 거예요. 그러면 엄마가 조금 힘

16

들어지시겠지만, 입맛은 점점 좋아지실 거예요.

조금만 참아 주세요. 그리고 기대해 주세요. 제가 무럭무럭 자라고 있는 것을 느끼시면서 행복한 엄마의 모습을 보고 싶어요. 네? 사랑하는 엄마!

** 사랑하는 아가에게

어여쁜 아가야! 오늘은 네가 좀 힘들지도 몰라.

손님을 초대했는데 엄마가 조금 힘들단다. 그래도 좀 참아 주렴. 잠시 후엔 편안하게 해 줄게. 엄마는 너의 존재를 많은 사람들에게 알려 축하 받고 싶단다.

그리고 하던 일도 앞으로는 많이 줄이기로 했단다. 우리 아가가 예쁘고 튼튼하게 잘 자라 주길 이 엄마는 소망한단다. 불편하더라

도 조그만 참아 주렴. 미안!

난 몰라, 왜 술을 마셨어!
오늘 밤 예기치 않은 일이 일어나고 말았습니다.
엄마와 아빠가 손님을 집에 초대한 것까지는 좋았습니다. 그런데 엄만 술을 먹고 제게 술냄새를 맡게 했답니다. 지금 저는 죽을 지경입니다. 머리도 지끈지끈 아프고 숨까지 막히는 것 같아요. 이런 일이 다시 있으면 전 정말 싫어요. 제가 아프면 엄마도 아프게 되거든요.
그리고 엄마, 엄마가 무거운 짐을 들거나 심한 일을 하시는 것도 싫어요. 제게 많은 부담이 오거든요.
저의 집을 항상 따뜻하게 해 주시고요. 아빠와 사랑하는 것도 조금 참아 주면 좋겠어요.
저, 오늘 심술이 많이 났어요!

크——, 제가 아무래도 취한 것 같아요. '빙글빙글' 도는 게 기분이 영 좋지 않아요. 다음에 또 그러시면 정말 화낼 거예요!

♠ 4개월

엄마, 아세요? 저의 팔다리가 점점 단단해지고 있어요. 저의 모습을 빨리 보여 주고 싶은데 어떻게 하지요?

너무 기분이 좋고, 또 엄마 젖 먹게 될 때를 생각해서 예비 운동으로 제 손가락을 빨아 보고 있어요.

엄마, 드시고 싶은 것이 점점 많아지지요?

하지만 안 돼요. 한꺼번에 많이 드시는 것은 별로 좋지 않다구요. 그리고 지방질은 되도록 삼가시고 단백질이나 철분, 칼슘, 비타민 등을 위해 야채, 해조류, 과일, 두유 등을 많이 섭취하시는 것이 좋아요. 이런 음식들을 섭취하게 되면 엄마 얼굴에 기미 끼는 것도 예방할 수 있고 제게도 참 좋대요. 엄마, 제 말처럼 하루하루 식사를 골고루 갖춰서 해 보세요.

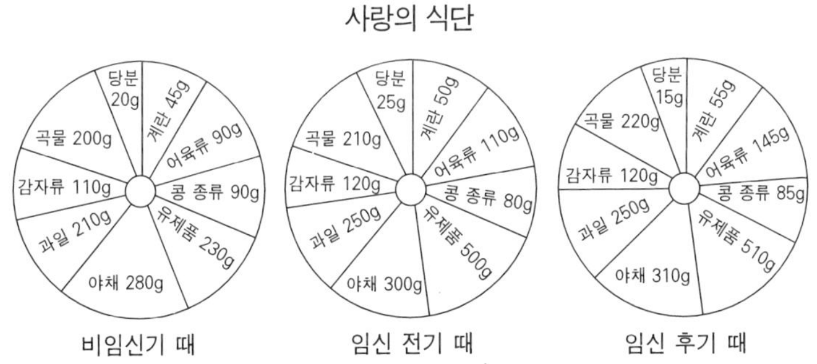

엄마 뱃속에 들어온 지 벌써 3개월이 넘었어요.

빠르죠? 그런데 엄마, 엄마가 한꺼번에 많은 음식을 드시면 제가 아주 곤란해지는 것 아세요?

아휴, 숨차!

의사 선생님이 그러시는데 균형 잡힌 영양 섭취도 중요하지만 한꺼번에 과식하는 것은 좋지 않대요. 여러 번 나누어서 자주 드시는 것이 좋다는 말씀이지요. 이제 아셨죠?

보세요! 엄마가 너무 많이 드셨나 봐요, 끄윽——.

한꺼번에 많이 드시지 말라고 말씀 드렸는데 이러면 곤란해요. 가만히 계시지 마시고 운동이라도 좀 해 주세요.

엄마보다는 제가 우선이라는 것 명심해야 한다구요. 제가 욕심이 너무 많다고요? 그래도 어쩔 수 없어요. 모두 엄마와 저를 위해서이니까요.

아, 그리고 이것도 알고 계셔야 해요. 당분과 염분이 칼슘을 소모시킨다는 것 말이에요. 간장이나 소금은 될 수 있는 한 적게 넣고 인스턴트 식품은 드시지 않는 게 좋아요.

좋지 않은 음식을 많이 드시면 엄마 얼굴도 붓고 저는 숨쉬는 것까지 곤란해져요.

엄마, 조심 조심 또 조심 아셨죠?

아차, 엄마에게만 살짝 알려 드리는 건데요, 제 키는 약 18cm 정도이고 몸무게는 100~130g이랍니다.

** 사랑하는 아가에게

아가야, 미안하구나.

엄마가 처음 경험하는 일이라 잘 모르고 그랬구나.

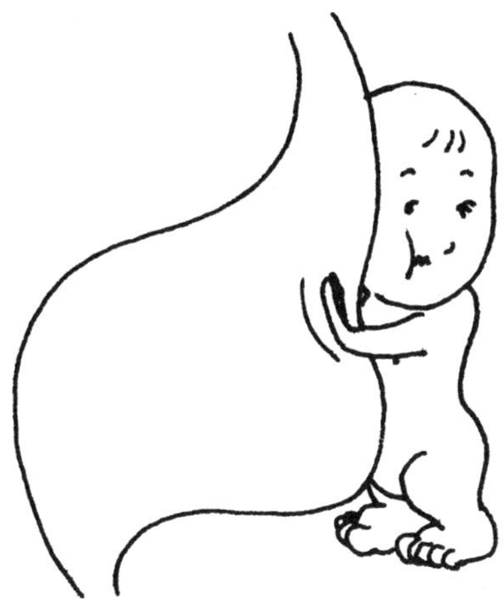

음식도 가리지 않고 먹고 싶은 게 있으면 뭐든 다 먹었으니 말이다. 네가 힘들어 하는 것도 무리가 아니지. 엄마도 소화가 되지 않아 무척이나 힘이 든단다. 우리 기분 좋게 산책이나 갔다 올까?

♠ 5개월

엄마, 저 이제 수염도 깎고 털도 깎아야 될 것 같아요. 멋진 면도기를 준비해 주세요.

아참, 손톱깎이도요. 저의 몸에는 보송보송 예쁜 솜털이 나 있답니다.

이제는 엄마 아빠 하시는 얘기도 아주 잘 들려요.

그래서 부탁이 있는데, 들어 주실 거지요? TV 소리를 좀 낮추어 주세요.

아빠는 담배를 줄여 주시고요. 피우시더라도 밖에서 피워 주세요.

아니, 그런데 이게 뭐예요? 싫어요 엄마, 가끔 아빠 몰래 담배를 피우시는 건 옳지 않아요. 기분 탓인지는 모르지만 엄마가 담배를 피우시면 저는 연기 때문에 숨이 막혀 오고 답답해진다구요. 담배는 제가 성장하는 데 아주 나쁜 영향을 미친다는 것 모르세요?

또 담배로 인해서 제가 예정일보다 일찍 나갈지도 모른다구요.

아, 숨이 막혀요. 헉, 헉, 헉!

엄마, 자주 저를 어루만지면서 '사랑한다'고 속삭여 주세요. 그러면 제 마음이 편안해지고 차분해진답니다. 제가 조금 예민해졌나 봐요.

지금 저의 하얀 이들도 봄맞이를 하고 있어요. 기쁘지 않으세요? 제 이가 튼튼해지려면 엄마가 지금부터 칼슘을 많이 섭취하셔서

야 해요. 그래야 제가 나중에 아무 거나 잘 먹지요.

저는 엄마의 귀염둥이 분신이잖아요? 그런데 엄마가 요즘 힘들어 하시는 것 같아 마음이 아파요. 서서히 부풀어 오르는 배가 거북하시겠지만 제가 엄마를 사랑하는 만큼 저를 자랑스럽게 생각하시고 힘내세요. 화이팅!

그리고 음식물을 너무 많이 드시지 마세요. 제가 비정상적으로 커지면 엄마 뱃속에서 나올 때 엄마와 제가 힘들어지니까요.

아, 엄마에게 칭찬 한 가지 해 드릴 게 있어요.

엄마가 전보다 많이 적응이 되셨는지 차분해지신 것 같아요. 그래서 저는 기분이 좋답니다. 그런 엄마의 마음 상태가 저한테 그대로 전달이 되거든요.

매사를 즐겁게 생각하시고 마음을 편안하게 가지세요. 엄마 마음이 곧 제 마음이니까요.

저도 이제 조금씩 운동을 해야겠어요. 하나 둘 셋 넷, 둘 둘 셋
넷——.

이크, 엄마 놀라셨어요? 제가 너무 심하게 운동했나요?

엄마, 아빠와 다른 식구들과도 만나고 싶어요. 제가 이렇게 움직
일 때면 저를 어루만져 보게 해 주세요. 가슴 벅차 오르는 감동을
느낄 수 있지 않나요? 그리고 저에 대해 상상의 나래를 맘껏 펼쳐
보세요.

✲ 사랑하는 아가에게

아가야, 오늘은 기분이 좋은가 보구나.

무엇을 하고 놀길래 이렇듯 요란하니?

엄마는 너를 따뜻하고 편안하게 해 주려고 지금 복대를 하고 있
단다. 지금이 가장 적절한 시기라는구나. 지나치게 압박을 하면 우
리 아기가 불편할까 봐 손바닥 하나 들어갈 정도의 여유를 두었단
다. 이제 좀 따뜻해졌는지 모르겠구나.

오늘 아빠가 들어오시면 건강하게 노는 너의 모습을 보여 드려
야겠구나.

♠ 6개월

엄마, 아세요?

제 헤어 스타일과 속눈썹이 얼마나 멋진지. 보여 드릴 수 없어
정말 안타까워요. 젖 먹는 연습도 좀더 열심히 해야겠어요. 지금은
손가락으로 연습을 하고 있어요.

제가 자꾸 커져서 엄마 배가 많이 부풀었죠?

엄마가 무척 힘드신가 봐요. 신경이 예민해지셔서 그런지 요즘은 제가 말을 걸어도 잘 받아 주시지 않아요. 한편으로는 죄송하면서도 다른 한편으로는 속상하기도 하고 그래요.

그런데 어쩌죠? 앞으로는 등이나 허리가 더욱 아프고, 오래 서 있으면 다리도 부어 오를 텐데요. 걱정이 돼요.

엄마, 편한 자세로 자주 휴식을 취하세요. 빈혈 증세가 나타날 수도 있어요. 간혹 나타나는 증세라 너무 걱정 안 하셔도 되지만 심할 때는 의사 선생님과 상의하시는 것 잊지 마세요.

그렇게 우울하게 계시지 말고 바람도 쐬고 음악도 듣고 하세요, 네? 엄마!

아, 그리고 엄마! 외출하실 때는 멋쟁이 신발도 좋지만 굽이 높은 구두를 신으면 제가 불편하다는 것 아시죠? 굽이 낮고 편한 것

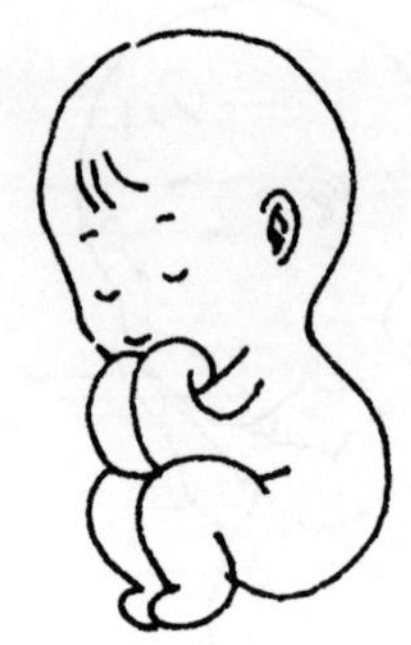

으로 가볍게 나들이 하세요.

식사할 때는 필요한 영양분을 골고루 섭취하시구요. 특히 철분이 많은 간이나 녹황색 채소(시금치, 근대, 당근 등)를 많이 드시는 것이 좋아요.

그리고 가벼운 운동이나 산책을 하는 것이 엄마나 저의 건강에 좋다고 해요. 가만히 집안에만 계시면 저도 우울해지거든요. 따뜻한 물에서 약 20분 정도의 휴식을 취하는 것도 좋겠어요. 아빠와 함께라면 더욱더 기분이 좋을 것 같은데요.

어, 야단났네. 엄마가 울고 있어요

수다쟁이 아줌마 때문에 엄마가 자꾸만 울고 불안해 하고 있어요. 엄마가 슬프면 나도 슬픈데…….

수다쟁이 아줌마가 저에 대해 좋지 않은 이야기를 해서 엄마가 좀처럼 웃지를 않아요. 엄마, 수다쟁이 아줌마들의 말은 신경 쓰지 마세요.

나는 괜찮아요, 엄마. 저는 건강해요.

정기적으로 검진을 받고 의사 선생님의 지도에 따르면 걱정할 것 없어요.

✶✶ 사랑하는 아가에게

아가야, 요즘은 네가 건강하게 잘 자라고 있는지 무척 걱정이 된단다.

병원에 다녀도 항상 불안하고 마음이 편치 않구나.

어디 아픈 곳은 없는지, 또 건강한지······.

항상 조심은 하고 있지만 이렇게 엄마 몸이 불편할 때는 네가 먼저 걱정이 되는구나.

어여쁜 아가야, 부디 엄마와 만나는 날까지 건강하고 활기 차게 지내야 한다.

우리 사랑스런 아가야!

♠ 7개월

아휴 아휴!

엄마, 제 머리가 제법 무거워졌어요. 그래서 머리를 엄마의 자궁을 향해 두고 있답니다.

엄마, 거꾸로 향한 자세가 정상인 것 아시죠? 조금 더 힘이 드시겠지만 지금까지 잘 참으셨잖아요(똑바로 앉아 있으면 다리부터 나오는 역산의 위험이 있을 수 있답니다).

아휴, 시끄러워!

이 조그만 방에 처음 들어왔을 때에 비해 방음 장치가 아주 나빠졌기 때문에 밖에서 나는 소리가 아주 잘 들려요. 방문을 '꽝' 하고 닫거나 라디오 소리를 너무 크게 틀어놓는다든지 아니면 개 짖는 소리만 나도 깜짝깜짝 놀라게 돼요.

복벽을 통해 바깥의 소리를 민감하게 다 들을 수 있기 때문이죠. 이렇게 갑자기 들리는 큰 소리는 저에게 충격을 준답니다.

특히 엄마와 아빠가 다투는 소리는 제게 심한 충격을 준답니다.

싸우지 마세요! 제가 다 듣고 있단 말이에요. 제가 불안하고 초조해지면 엄마를 자꾸 괴롭히게 된답니다.

또 나중에 엄마를 만나서도 신경질적인 아이가 될지 몰라요.

엄마 아빠, 사랑해 주세요!

제가 항상 곁에 있다는 것 잊지 마시고 웃음을 잃지 마세요.

제가 봐도 제가 많이 컸어요.

제가 많이 커서 엄마가 조금은 초조한가 봐요. 오랫동안 서 계시지도 못하고. 아이구, 엄마! 일어나실 때도 힘이 드시나 봐요. 허리도 자주 아프시죠? 눕는 자세까지 불편하시니 어떻게 해요. 그런데다가 방광이 자궁의 압박을 받아 소변 횟수까지 잦아져서 아마 많이 힘드실 거예요.

오늘 버스에서 오래 서 계시느라 더욱 힘드셨죠? 사람들이 양보를 해 주었으면 덜 힘드셨을 텐데 말이에요.

그래도 제가 나가면 엄마를 기쁘게 해 드릴 테니 편안하게 주무시도록 해 보세요. 엄마가 편안하게 휴식을 취해야 저도 무럭무럭 건강하게 잘 자랄 테니까요.

✱✱ 사랑하는 아가에게
우리 아가 때문에 힘들다는 생각을 처음 해 보는구나.

잠도 제대로 잘 수가 없단다. 그럴 때 엄마랑 숫자 놀이 해 보지 않을래? 500에서 1까지 거꾸로 조용히 세어 보는 거야. 그러면 마음이 조금 안정되면서 잠도 잘 수 있으니까.

우리 아가가 비좁은 방에서 불편해 하는 것 같아 요새는 복식 호흡을 아주 열심히 하고 있단다. 복부를 조금씩 넓혀 주는 효과가 있다고 하더구나. 신선한 공기를 넣어 줄 테니 마음껏 마시렴.

자, 어떠니? 기분이 상쾌해지는 것을 느낄 수 있니?

(복식 호흡은 숨을 크게 들이마시고, 숨을 내뱉을 때는 입으로 휘파람 불 듯이 천천히 내쉬는 것을 말한다)

♠ 8개월

엄마, 제 근육 좀 보세요!

제법 살이 올랐죠?

조금만 더 조심해 주세요. 곧 저를 보실 수 있을 거예요.

그런데 저는요, 비행기 소리나 천둥 소리 같은 것이 몹시 무서워졌어요. '우르릉―― 꽝!' 하는 소리를 듣노라면 너무 놀라서 이제 막 생긴 하나밖에 없는 간까지 떨어지는 것 같아요.

지금 저는 가을맞이를 하고 있어요. 이젠 뭔가를 보여 드릴 때가 가까이 온 것 같아요. 기대해 주세요!

엄마, 많이 힘들어요?

날이 갈수록 엄마가 더욱더 힘들어 하시는 것 같아요.

여기저기 아프다고 짜증을 내시기도 하고 변비라고 수선을 떠는

가 하면, 또 몸이 '으스스' 춥다고 하시니……. 다리도 저리신다구요?

아이, 어쩌죠? 그런데 이것뿐이 아니에요. 명치 언저리도 쓰리고 아프시죠? 또 요통도 있고 심장도 별로 안 좋은 것 같다고 하소연을 하시니 걱정이에요.

하지만 엄마, 제가 뱃속에 있을 때 이런 증상은 흔히 있는 일이에요. 변비라고 해서 강한 변비약을 드시면 절대 안 돼요. 유산의 원인이 되거든요. 어떤 약이든 의사 선생님과 상의하시는 것 잊지 마세요.

그리고 아빠, 엄마 좀 도와 주세요.

무거운 것은 들어 주시고 이불도 직접 장에 넣어 주세요.

부탁해요, 아빠!

난 우유를 먹을까? 아니면 모유를 먹을까?

되도록이면 모유를 주세요. 그러기 위해서는 지금부터 유두 손

"엄마, 고마워요. 기분이 참 좋아요."

질을 해 주셔야 해요.

부드러운 수건으로 기름기를 제거해 주면 돼요. 그래야 제가 많이 먹어도 엄마 가슴을 예쁘게 간직할 수 있답니다. 혹시 모르니까 우유병이나 필요한 모든 것을 준비하시면 좋겠네요.

여유 있게 준비해 주세요. 기저귀랑 포근한 이불, 예쁜 옷도······.

✱✱ 사랑하는 아가에게

우리 아가에게는 뭐든 최고만을 주고 싶은 것이 엄마 마음인가 보다. 네가 태어나면 주려고 옷이랑 신발, 이불 등을 준비하러 나왔단다. 예쁜 것들이 너무 많아서 엄마 혼자 고르기가 무척이나 어렵구나.

우리 아기는 어떤 색을 좋아할까? 꽃무늬를 좋아할까? 아니면 세련되고 우아한 것을 좋아할까?

엄마랑 같이 골라 보지 않을래?

너의 맘에 쏙 드는 것으로 예쁜 것만 주고 싶단다.

엄마는 마음이 아주 급해졌단다. 우리 아기가 빨리 보고 싶어서…….

♠ 9개월

설레이는 마음 어쩌나 ♪ ~ ♩ ~.

엄마, 맛있는 것 좀 주세요. 짜고 매운 것은 싫어요.

그런데 여기가 왜 이렇게 밝아졌어요? 눈을 못 뜨겠어요.

엄마의 뱃속이 이젠 답답해졌나 봐요. 그래서 좀더 좋은 곳을 찾아보고 싶어졌어요.

아——, 엄마가 너무 힘든가 봐요.

엄마, 이런저런 일로 신경 쓰고 걱정을 많이 하시면 제 얼굴이 찡그린 얼굴이 된답니다. 자극은 절대 금물이에요. 아시겠죠?

할머니들이 그러시죠? 제가 웃으면 배냇짓 하는 거라고.

저도 엄마 뱃속에서 엄마랑 같이 울고 웃는답니다. 신기하지요?

그러니 제가 많이 웃을 수 있도록 해 주세요.

엄마, 일어설 때 '아이구, 으샤' 하는 소리가 절로 나오시죠?

많이 힘드실 거예요. 발목이 부어 오를 때는 다리를 조금 높게 하고 음악을 들으면서 휴식을 취하는 것이 좋대요. 엄마가 아프면 저도 힘들고 아파요.

변비를 조심하시고요. 해조류나 감자, 과일, 채소 등을 자주 섭

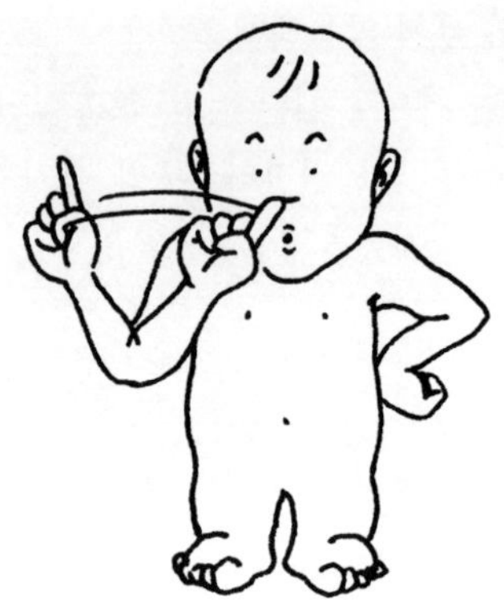

취해 주세요. 공복에 물을 마시는 것도 좋대요.

이 시기에는 양수가 쏟아지는 현상을 보일 수도 있어요. 그러면 조산할 위험이 있으니 주의하셔야 해요.

엄마, 그 유명한 프로이드는 제 마음의 싹을 잘 이해했었나 봐요. 저희들 사랑의 주의점을 잘 알려 주었으니까요.

아빠, 정신 차리세요!

아빠는 엄마에게 진통이 오면 산부인과에 늦지 않게 도착해야 한다고 신경을 많이 쓰시네요.

엄마는 그런 아빠께 염려 마시고 우리 아가 장난감 좀 준비해 달라고 하셨죠? 역시 우리 엄마는 최고예요!

이왕 준비해 주시는 것 포근하고 따뜻한 정을 느낄 수 있는 것으

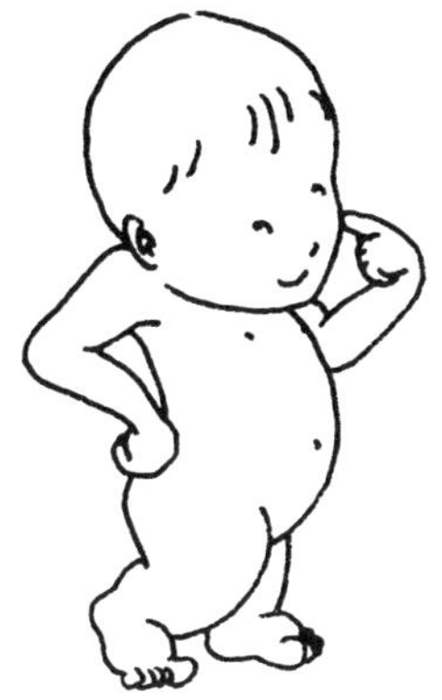

로 부탁해요. 시각, 청각, 촉각 등 많은 것을 느낄 수 있는 예쁜 장난감으로 말이에요.

** 사랑하는 아가에게

이 소리 들리니?

아빠가 이렇게 장난감을 많이 사 가지고 오셨단다.

천장에 모빌을 단다고 바쁘시구나.

너의 눈높이와 발끝에도 말이다.

네가 보고 즐거워하는 모습을 빨리 보고 싶구나.

그렇지만 한편으론 불안해서 안정이 안 되는구나.

아가야, 이런 엄마 마음을 달래 줄 뭐가 없을까?

가장 좋은 안정제는 아빠의 사랑이라는 걸 잊지 마세요!

엄마, 그 동안 정말 수고 많으셨어요.
저는 곧 나갈 만반의 준비를 하고 있답니다.
준비하시라, 개봉 박두!
엄마, 숨쉬는 것도 불편하시지요? 우리의 신나고 설레이는 만남을 생각하면서 힘내세요. 엄마, 화이팅!
자, 이제 편안한 마음으로 우리 만남을 준비하세요. 제게 형이나 언니가 있을 때는 저에 대해 이야기를 잘 해 주셔야 해요. 많은 시간을 엄마와 떨어져 있어야 될 언니나 형이 저를 미워할 수도 있으니까요. 그리고 특히 심리적으로 상처받을 수도 있으니 신경 많이 써 주세요.
지금까지 잘하셨지만 만약을 대비해서 아빠와 할머니, 고모, 이모 모두와 비상 연락망을 취하시는 것이 좋아요. 그리고 다정다감한 대화를 나누는 모습을 보여 주세요.
그럼, 엄마와의 편안한 만남을 위해 긴 여행을 할 시간이 온 것 같아요.
병원에 갈 준비를 철저하게 해 주세요. 길이나 자동차 안에서 태어나는 것은 정말 싫거든요. 급할 때는 119로 연락하시면 도움을 받으실 수 있어요.
이젠 오히려 제가 불안해지는데요.

자, 출발! 나, 간다!
아, 이 설레임.
엄마 아빠를 곧 만나게 된답니다. 길고도 짧은 시간은 다 지났어

요. 엄마와 아빠는 당황하셨지만 모든 것을 착오 없이 잘 해 주셨어요.

의사 선생님, 조심하세요.

그렇게 아프게 다루면 제가 나가기 싫어지잖아요.

살살 때리세요. 아파요. 찰싹!

이거 울어야 하나? 우선 울고 보자. 앙앙앙——.

우와! 그런데 여기가 바로 엄마 아빠랑 내가 살 곳인가?

엄마, 저 보이세요? 저 어때요?

어쩌면 좋아, 엄마와의 첫 만남인데 머리라도 좀 빗고 나올걸. 그래도 엄만 제가 제일 예쁘고 사랑스러우실 거예요.

태교는 엄마 혼자서 하는 것이 아니랍니다.

그것을 우리 엄마 아빠는 잘 알고 계셨죠. 그래서 엄마 아빠가 함께 협력해서 저를 잘 돌봐 주셨답니다.

아빠는 엄마가 다른 일에 신경 쓰지 않고 심리적으로 안정을 취

할 수 있도록 해 주셨습니다. 방안에서 담배를 피우시지 않는 것은 물론 술도 많이 잡수시지 않으셨고 제가 잘 자랄 수 있도록 엄마를 많이 도와 주셨죠.

엄마 아빠, 고맙습니다. 엄마 아빠의 은혜 잊지 않고 예쁘게 자랄 게요.

❋ 사랑하는 아가에게

우선 너의 건강한 모습을 보고는 한없이 기쁘고 감격스러웠단다. 그리고 하느님께 감사 드린다.

내 안에 이렇게 예쁜 아이가 있었다는 것이 정말 신비하게 느껴지는구나. 힘들기도 했었지만, 오늘 네가 내 곁에 있다는 사실만으로 그 때의 힘든 일들이 모두 잊혀지는구나. 항상 예쁘고 건강하게 자랄 수 있도록 엄마와 아빠가 너를 곁에서 지켜 주마. 너를 너무너무 사랑한단다.

좋은 부모가 되려면

1. 아이에겐 필요한 환경이 있다
2. 부모의 마음밭이 아이의 인격을 형성한다

— 1 —

아이에겐 필요한 환경이 있다

♠ 준비된 부모

사람의 인생에 있어 가장 중요한 시기는 출생에서 6세에 이르는 시기라고 할 수 있습니다. 이 시기에 부모는 무엇보다도 아이의 좋은 환경이 되어야 합니다. 아이는 부모의 표정, 언어, 행동, 심지어는 가치관까지도 그대로 흡수하기 때문입니다.

"아이들이란 낳아 놓으면 자기의 운명에 의해 저절로 자란다."라는 말은 아주 먼 옛날의 이야기일 뿐입니다.

세계화를 추구하는 지구촌에서 21세기 정보 시대를 살아 가야 할 아이의 미래를 위해서는 수많은 환경적인 저해 요인을 잘 이겨내고 경쟁 사회에서 '어떻게' 자신감 있게 살아 갈 수 있을지 그 삶의 방향을 제시해 주어야 할 것입니다.

그러기 위해서는 부모가 되기 이전에 '아이를 가질 준비'가 되어 있는지가 매우 중요합니다. 아이를 정말로 원하고 있는지, 또 어떻게 키울 것인지, 어떠한 계획과 각오가 되어 있는지 등등.

만일 원하지 않는 아이를 갖게 된다면, 부모도 아이도 모두 불행하게 됩니다. 아기가 태어나면 부모는 아기에게 세심한 관심을 가질 의무가 있습니다. 아기를 지속적으로 관찰함으로써 아기가 원하는 것이 무엇인지를 알아야 합니다. 아기의 기본적 욕구를 충족시켜 줄 때 심리적으로 문제가 생기지 않으며, 부모를 신뢰하는 마음이 잠재 의식 속에 자리잡기 때문입니다.

신생아 시기를 이처럼 편안하게 지내게 되면 아이는 앞으로 긍정적인 삶을 살아 갈 수가 있습니다.

지혜로운 부모가 되기 위해서는 무엇보다 아이를 사랑해야 하며, 아이의 정신적 특징과 성장 발달을 잘 이해하고, 아이를 양육하는 데 필요한 기초 지식을 알고 있어야 합니다. 아울러 알고 있는 지식을 적절하게 행동으로 옮기는 인내심과 노력이 필요합니다. 부모가 인생의 좋은 안내자 역할을 해야만 아이는 행복하게 성장할 수 있습니다.

♠ 아이의 정신적 특징

출생에서 6세까지의 아이는 애써 노력하지 않아도 환경 속에서 자연스럽게 모든 것을 쉽게 배우는 시기입니다.

즉, 무엇이든 흡수해 버리는 정신력을 가지고 있다는 말입니다.

배우는 것 자체가 굉장히 황홀한 시기이며 어떤 일이든 하고 싶어서 못 견디는 시기입니다. 어른들의 행동이나 TV에서 본 것들을 그대로 모방하고 자연의 현상에 대해서는 '왜?'라는 질문을 많이 합니다.

부모가 아이의 '왜?'라는 질문에 충분한 대답을 줄 때 아이는 자신의 지적 호기심에 대한 욕구를 충족시키게 되고 세상의 정보를 끊임없이 받아들이며 자기 지식을 내면에 쌓아 갑니다. 수많은 사물에 따르는 이유를 이해하면서 그 과정들을 받아들이는 것입니다.

이 시기는 자기 문화권에 적응하는 능력이 뛰어나며 사회에 적응하는 능력, 지적 발전 능력을 준비하는 시기이기도 합니다. 또 문화적·사회적으로 적응 가능한 시기입니다. 한편 이러한 과정이 아이의 인격 형성에 결정적인 역할을 합니다.

이처럼 중요한 시기에 부모는 아이들을 화초를 키우듯 정성과 사랑으로 대해야 하며, 아이가 세상이 아름답다고 느끼며 살아 갈 수 있도록 안내자, 협조자의 역할을 다해야 합니다.

♠ 독립하게 하라

사랑만으로 아이를 기를 수는 없습니다. 지혜와 사랑을 겸비한 부모가 되어야 합니다. 눈앞에 급급하기보다는 미래를 내다볼 줄 아는 부모가 되어야 합니다.

자주적인 행동은 아이가 얼마만큼 독립적인가를 보여 주는 것입니다. 혼자서 먹고, 입고, 정리하고, 놀 수 있도록 해야 합니다. 먹여 주고, 입혀 주고, 유능한 해결사 역할을 하는 것이 부모가 할 일은 아닙니다.

진정한 사랑은 아이가 하고 싶은 일을 할 수 있도록 지켜 봐 주는 것입니다. 아이가 무엇을 원하는지 말로 표현하는 것과, 걷기 시작하는 것 또한 아이가 독립으로 가는 길입니다.

스스로 걷기 위해 부모의 손을 뿌리치는 아이를 보면서 부모는 염려스러워하며 손을 내밀기보다는 그냥 걸을 수 있도록 두어야 합니다. 아이는 걷기 위해 넘어지고 일어서고 또 걸어 보고 하면서 비로소 걷게 되는 것입니다.

엄마의 손을 기다리며 엄마의 세계 속에 머물기보다는 스스로 자신의 세계를 만들어 나가면서 독립심을 키워 나가기 때문입니다. 아이는 될 수 있는 한 뭐든지 혼자 하려 하고 모든 것의 이유를 알고 싶어합니다.

또 자기 주장을 내세우기 시작하는데, 그러면서 아이들은 부모로부터 독립하여 자기의 일을 스스로 하는 방법을 배우게 됩니다.

이 때 부모는 아이가 원하는 것을 적당히 들어 주면서 해도 좋은 일과 해서는 안 되는 일을 분명히 가르쳐 주고 아이 스스로 흥미로운 놀이를 찾을 수 있도록 도와 주어야 합니다.

아이가 준비가 되지 않았을 때 무리하게 가르치는 것도, 할 수 있는 능력이 있는데도 과보호로 환경과의 경험을 차단시키는 것도 바람직하지 않습니다.

예를 들면 한 살이 넘었는데도 귀엽다고 안고만 다닌다면 걷는 기관이 제대로 발달을 하지 못합니다. 부모는 아이를 혼자 서게 해야 합니다.

지나친 사랑과 지나친 간섭 모두 부모의 욕심에서 오는 것입니다. 이는 아이의 올바른 성장에 장애가 되는 것으로 조금 부족하고 느리더라도 무엇이든 혼자 할 수 있도록 도와 주어야 합니다. 누구의 시킴을 받아서가 아니라 아이 스스로 즐겁게 놀이나 생활을 할 수 있도록 해 주어야 한다는 것입니다.

드러나지 않는 꾸준한 관심 속에 아이 스스로 살아 가는 방법을 배우도록 도와 주는 것이 곧 부모가 해야 할 일이며, 이것이 바로 아이의 독립심을 키워 주는 길입니다.

♠ 선택하게 하라

아이의 인격을 존중한다는 것은 아이 스스로 선택하게 하고 그 선택한 것에 대해 간섭하지 않고 인정해 주며, 아이의 선택 능력에 자신을 갖게 하는 것입니다.

부모가 이것 해라, 저것 해라 하는 것이 아닙니다. 아이에게 너무 어려운 것도 쉬운 것도 아닌, 그 발달 과정에 맞는 것을 준비해 주는 것입니다.

이것은 아이의 개성과 자유에 대한 욕구를 존중해 주고 있음을 말합니다. 무슨 일이든 부모가 대신 결정해 주고 이것 먹어라 저것 입어라, 이것 해라 저것 해라 하는 방법으로 참견하게 되면, 아이는 어떤 놀이에 흥미를 가지더라도 만졌다 그만두었다 하는 자신감 없는 행동으로 부모에게 의존하게 되고 누군가 대신 자기의 일을 해 주기를 원하게 됩니다. 뿐만 아니라 자기 인생에 일어난 문제를 해결할 능력을 잃게 됩니다. 또한 주체성도 없어질뿐더러 항상 남에게 의존해서 소극적으로 살아 가게 되며 무엇이든 남의 탓으로 돌리는 무책임한 사람으로 성장하게 됩니다. 부모는 아이가 자기 인생의 주인이 되도록 해 주어야 합니다. 어떤 일이든 스스로 선택할 수 있고 경험할 수 있으며, 또 그에 뒤따르는 책임을 스스로 지도록 하는 것이 필요합니다. 선택을 함으로써 판단력과 독립심 또한 기를 수 있는 것입니다.

예전에는 복종만이 미덕이었습니다. 어른이 명령하는 대로 따르고 행동하며 지냈습니다. 그러나 지금 아이들에게는 선택의 문화가 필수입니다. 경쟁 사회를 살아 가는 지금 창의력과 자신감, 표현력이 잘 발달해야 사회 생활도 잘할 수 있기 때문입니다.

그러기 위해서는 어릴 때부터 선택하게 해야 합니다. 가 보고 싶은 곳은 어딘지, 바지를 입고 싶은지, 치마를 입고 싶은지, 과자를 먹고 싶은지, 아이스크림을 먹고 싶은지, 심지어는 식탁 위에 올려지는 밥도 어머니가 양을 정하는 것이 아니라 아이가 먹고 싶은 양만큼 담아서 먹을 수 있는 선택이 필요합니다. 그리고 그 선택에 대한 책임을 지도록 하는 것입니다. 이것은 앞으로 아이의 성장에 중요한 밑거름이 될 것입니다.

아이에게 진정한 의미의 선택권은 아이의 개성과 자신감을 키워 주는 것임을 부모들은 가슴 깊이 새겨야 할 것입니다.

♠ 책임감을 갖게 하라

모든 지능은 느끼는 데서 발달됩니다.

아이에게 어릴 때부터 만질 수 있고 볼 수 있도록 많은 자극을 주면 두뇌가 발달하게 됩니다. 아이는 가만히 있기보다는 자기가 하고 싶은 놀이를 찾기 위해 이곳 저곳 다니며 물건을 만지기도 하고 부딪치기도 하며 실수도 합니다.

아이가 실수하는 것은 아주 당연한 것입니다. 부모는 아이가 실수한 것을 나무라지 말고 그 실수를 어떻게 해결할 것인지 그 해결 방법을 가르쳐야 합니다.

예를 들어 아이가 컵에 담긴 우유를 가지고 오다가 떨어뜨려서 컵을 깨뜨렸다면, 부모는 아이에게 물건을 들고 다닐 때는 조심스럽게 다루고 천천히 걸어야 한다고 가르쳐 주는 것입니다. 또한 아이의 손이 깨진 유리컵에 닿으면 위험하므로 부모가 정리하는 것을 도와 주고 쏟아진 우유는 아이가 직접 닦도록 책임을 부여합니다.

또한 부모는 아주 사소한 결정이라도 아이 스스로 할 수 있는 능력을 길러 주어야 합니다. 즉, 결정할 수 있는 판단력을 어려서부터 길러 주는 것입니다.

아이에게 결정권을 주지 않는 것은 아이의 인격을 존중해 주지 않는 것이라고 할 수 있습니다.

아이가 하고 싶은 것, 원하는 것이 어른들에게는 하찮고 아주 쓸데없는 것 같아 보이더라도 아이에게는 중요한 과제일 수 있습니다. 아이는 이 과업을 해야 하고 또 끝내야 합니다. 내면에 있는 생명력이 그를 재촉하기 때문입니다.

그런데 부모는 그것을 알지 못하고 "야, 그까짓 것 끝내지 않으면 어떠니?" 한다면, 그래서 아이가 하고자 하는 일이 중단되고 선택과 결정권이 부모에게 가 버린다면, 그 아이는 결국 끈기와 책임감이 없는 무기력한 아이가 되고 말 것입니다. 그 책임은 순전히 부모에게 있다고 할 수 있습니다.

선택하고 결정하고 책임지게 하는 것만이 어려움을 참아 내고 어떤 일이든 자신의 힘으로 해결해 나가는 인내력을 키우는 길임을 부모들은 명심해야 할 것입니다.

♠ 표현하게 하라

아이가 자신의 생각과 감정을 자유롭게 표현하게 하는 것이야말로 아이를 인격적으로 대하는 것입니다.

감정 표현은 어린아이일수록 잘하며, 건강하고 사랑받는 행복한 아이일수록 감정 표현이 자유롭습니다.

그러나 가정에서 이런 욕구가 충족되지 못하고 인격적인 대우를 받지 못하며 복종만을 강요당하는 아이는 적개심이나 시기심, 긴장감 등을 많이 드러냅니다.

이렇게 부모는 아이가 정서뿐 아니라 그들의 생각과 의견도 자유롭게 표현할 수 있도록 도와 주어야 합니다. 또 어른들은 아이들의 대화 상대가 되어 주는 것이 이들을 존중하는 것임을 알아야 합니다. 아이의 말이 단순하고 유치하다고 해서 상대하지 않는다면, 아이는 자신이 인간으로서 존중받지 못한다고 느끼게 되어 다른 사람을 신뢰하고 좋은 인간 관계를 맺는 사람으로 자랄 수 없을 것입니다.

아이는 질문을 많이 합니다.

어떤 질문은 정말 궁금하고 알고 싶어서 하는 것이기도 하지만, 어떤 때는 단순히 어른들의 관심을 끌기 위해서 할 때도 있고, 또 다른 사람을 따라서 똑같은 질문을 하는 경우도 있습니다.

이처럼 아이는 모든 것을 알고 싶어하고 그에 대한 호기심만큼 주위의 모든 사물을 경험하려 합니다. 부모는 이런 아이의 특징을 잘 이해하여 질문에 친절하게 대답해 주고, 잘 모르는 것이 있을 때는 함께 책을 찾아봄으로써 궁금하고 모르는 것이 있을 때 책을 찾아보는 습관을 길러 줘야 합니다.

모든 것에 호기심을 갖고 주위에 있는 사물이나 자연 변화에 대해 탐구하고 실험하기를 좋아하는 아이들은 조금씩 자기의 감정을 조절하는 정서적인 발달을 경험하게 됩니다. 이런 발달과 함께 환경에서 부딪히는 많은 요소들을 아이는 본 대로 느낀 대로 솔직하게 표현하기도 합니다. 이 때 부모가 아이의 질문에 대해 "입 다물어!", "시끄러워!", "웬 잔소리가 이렇게 많아!", "단 1분도 가만히 있지를 못해!" 하는 등 귀찮아 하거나 핀잔을 주게 되면, 아이는 자신감을 갖지 못하고 부끄러움과 두려움 속에서 자기의 생각을 감추는 성격이 되어 버리고 맙니다.

어른 입장에서는 그 질문이 하찮고 내용이 없는 것이라 하더라도 아이에게는 중요한 일이 될 수도 있습니다. 그러므로 부모는 아이의 질문과 호기심에 진지하고 적극적으로 대해 줌으로써 아이가 자신 있게 자신의 생각과 의견을 표현할 수 있는 기회를 만들어 주어야 합니다.

부모로부터 얻은 마음의 평온이 아이에게 느껴질 때 아이는 더없는 호기심과 왕성한 지적 욕구로 질문을 하게 되고 거리낌 없는 표현으로 자신을 성장시켜 나갈 것입니다.

결코 지시나 명령만 내려서는 아이의 표현력이 풍부해질 수 없습니다. 표현 능력은 평소 부모와 아이와의 대화에서 길러지는 것입니다. 아이에 대한 부모의 두터운 신뢰가 그 바탕이 됩니다.

나쁜 행동이 아닐 때는 아이의 어떤 표현도 넉넉한 웃음으로 받아 줄 수 있는 분위기와 자유로움이 있어야 합니다. 가족이 함께 노래를 부르면서 마음의 문을 활짝 열고 즐겨 보는 것도 좋은 방법이 될 것입니다.

아이는 풍부한 어휘로 자기가 생각하고 있는 것과 느끼고 있는 것을 정확하고 아름답게 상대에게 전달할 수 있어야 합니다. 그러기 위해서는 아무리 큰 결함을 가진 아이라 해도 그것 때문에 부모의 사랑을 덜 받는다고 느끼게 해서는 안 되며, 그 누구도 자기와 부모의 사랑을 끊을 수 없다고 믿게 해야 합니다.

진정으로 행복한 아이의 표현력은 인생의 길을 결정하는 데 중요한 역할을 한다고 해도 과언이 아닙니다. 다시 말하지만 아이의 마음을 건전하게 발전시키기 위해서는 아이가 자유롭게 표현하고 흥미를 보일 수 있도록 분위기를 만들어 주는 것이 필요합니다.

부모가 아이의 표현 능력을 잘 키워 줌으로써 아이의 창조성이 자라게 되고, 아이의 마음이 풍부해지는 것입니다.

♠ 느끼게 하라

아이의 느낌은 용기요, 힘이라고 할 수 있습니다.

다양한 경험을 통한 느낌에서 새로움을 향한 호기심이 생기기 때문입니다. 호기심이 충족될 때 자신감 또한 가질 수 있으며 부모의 사랑 또한 신뢰하게 됩니다.

아이가 부모의 사랑을 느끼기 위해서는 먼저 부모의 사랑이 아이에게 전달되어야 합니다. 부모가 아무리 자녀를 많이 사랑한다 해도 그것이 자녀에게 제대로 전달되지 않아 아이 스스로 부모가 자기를 사랑하지 않는다고 생각한다면 아무 소용이 없습니다.

부모가 아이의 입장에 서서 아이의 요구가 무엇인지 이해하고 그 욕구를 만족시켜 주어야 아이가 부모의 참다운 사랑을 느낄 수 있습니다.

먹고 싶을 때 먹을 수 있도록 준비해 주고, 아플 때 보살펴 주고 위로해 주며, 웃어 주고 안아 주어 애정의 욕구를 충족시켜 줄 때 아이는 부모를 존경하고 부모에게 감사하는 마음을 갖게 됩니다. 부모가 아이를 쓰다듬어 준다거나 눈을 맞춘다거나 사랑하고 있다는 말을 할 때 아이는 가장 행복해 합니다.

그러나 아무리 영양가 있는 음식이라도 많이 먹으면 소화가 되지 않고 불편함을 주듯, 사랑도 마찬가지로 너무 부족해도 좋지 않지만 지나치게 풍부해도 좋지 않습니다. 지나치게 많은 보호를 받고 자기가 하고 싶은 대로 행동하며 자란 아이는 부모가 아무리 잘해 주어도 불만과 불평이 많은 것을 종종 볼 수 있습니다.

21세기를 살아 갈 우리 아이들은 예전과는 달리 세계인들과 어우러져 살아가야 합니다.

따라서 부모는 아이들에게 사랑의 느낌만큼이나 중요한, 판단을 할 수 있는 능력을 키워 주어야 합니다. 아이의 행동은 이론과 가치를 따지면서 야단칠 것이 아니라 장려해 주어야 합니다. 그리고 스스로 생각을 할 수 있도록 도와 주어야 합니다.

부모의 역할 중 가장 중요한 것은 아이가 논리적으로 판단할 수 있는 능력을 길러 주는 것입니다. 이를 위해서는 주변 환경이나 사물에 대해 경험하고 느낄 수 있는 기회를 많이 주어야 합니다. 부모와 함께 할 수 있는 시간과 자리를 많이 갖는 것도 좋습니다. 즉 여행이나 등산, 쇼핑 등을 통해 세상은 넓고 여러 가지 현상들로 이루어지고 만들어진다는 것을 아이가 체험할 수 있도록 하는 것입니다.

아이의 육체적 성장은 입으로 섭취하는 영양에 따라 이루어지지만, 지능 발달은 눈이나 귀로 받아들이는 느낌에 따라 이루어지게 됩니다.

아이가 성장하는 과정에서 겪게 되는 일들은 너무나 다양하기 때문에 무엇으로 성장해 간다고 꼬집어 말할 수는 없지만, 새로운 것을 발견해 가는 데 빼 놓을 수 없는 것 중의 하나가 바로 독립의 기능이라고 할 수 있습니다.

어려서부터 이야기를 많이 들려 주는 것은 친구나 어른들의 말을 잘 듣게 하는 준비 과정이기도 하지만, 지적·정서적 발달도 가져다 줍니다. 책을 많이 읽으면 어휘력이 발달하고 상상력이 풍부해지기 때문입니다.

우리의 정서와 가치관을 심어 줄 수 있는 창작 동화를 비롯해 사회의 바람직한 가치와 규범을 익힐 수 있는 위인전, 열심히 살아 가는 평범한 사람들의 이야기, 약하고 가진 것 없는 사람들이 불의를 물리치는 용기와 꿋꿋함을 이야기하는 전래 동화 등을 읽음으로써 아이는 강한 정신력을 갖게 됩니다.

또 토론을 통해 상대방의 생각을 느끼게 하는 것이 좋습니다. 일방적인 꾸중보다는 대화하는 방법을 찾아야 합니다.

"하면 안 된다!", "그러지 마!", "하지 말라고 했잖아!", "왜 말 안 들어!" 등의 복종을 요구하기보다는 가정이 부모 중심으로만 이루어진 것이 아니라 아이들과의 공동 생활이라는 것을 생각하면서 아이들과도 의견을 나누어야 합니다. 부모가 잘못을 했을 때는 아이에게 자신의 잘못을 솔직히 시인하고 사과해야 합니다.

이렇게 자란 아이들이야말로 진심으로 부모에게 순종하게 되는 것입니다.

이처럼 아이의 솟구치는 지적 호기심을 채워 주고 바른 정서를 길러 주기 위해서는 다양한 경험과 방법이 필요하고, 또 그것을 통해 느낄 수 있는 환경을 만들어 주는 것이 필요합니다. 이것이 바로 부모의 역할이라 하겠습니다.

———————— 2 ————————

부모의 마음밭이 아이의 인격을 형성한다

♠ 자녀의 좋은 모범이 되라

부모는 세상의 아름다움이나 일상 생활에서 느끼는 감사한 마음을 늘 표현할 줄 알아야 합니다.

식탁에서, 또 길을 가면서 하는 말이나 태도 하나하나가 아이에게 큰 영향을 주어 아이의 인생관과 가치관을 형성하기 때문입니다.

인간은 태어난 순간부터 위대하다고 합니다. 태어났을 때부터 책을 읽어 주고 말을 많이 해 주며(아이가 이해하는지 여부에 관계 없이), 만지게 하고 듣게 하고 편안하게 안고 조용한 소리로 이야기해 주면 아이는 정서적으로 안정된 어린이로 자라게 됩니다.

아이는 이처럼 부모의 사랑으로 성장해 가며, 부모의 일상 생활을 관찰하면서 어른들의 생활 방식을 배워 나가고, 또 부모를 닮아 갑니다. 얼굴 생김새, 피부 색깔, 행동, 말씨, 목소리, 솜씨 등 수없이 많은 것들을 흡수합니다.

아이의 특징은 대부분 그 부모에게서 찾을 수가 있습니다. 부모가 남에게 보여 주고 싶지 않고, 말하고 싶지 않은 결점까지 아이에게 그대로 나타납니다.

이러한 것은 아이가 부모의 모든 것을 그대로 흡수하기 때문에 나타나는 현상입니다. 따라서 "그건 유전이니까 어쩔 수 없어."라고 체념을 하기보다 부모는 끊임없이 자신들의 장점을 살려 아이에게 훌륭한 환경이 되어 주어야 합니다.

부모에게 없는 습관을 아이에게 기대하기란 어려운 일입니다. 만약 사회성이 좋은 아이로 기르고 싶다면 부모가 먼저 이웃과 인사를 나누고 공중 도덕을 잘 지키는 모습을 보여 줘야 합니다. 근검 절약하는 생활 태도, 책 읽는 모습, 밝은 표정 등 아이에게 원하는 모습이 있으면 부모가 솔선하여 행동함으로써 아이에게 좋은 모범이 될 필요가 있습니다.

그러면 아이는 부모가 만들어 주는 좋은 환경 속에서 정서적으로 안정되고 지적으로 성숙하는, 가장 바람직한 모습으로 자라날 것입니다. 부모의 올바르지 못한 본을 본 아이는 이성적으로는 그것이 나쁘다고 생각하지만, 인격이 형성되는 시기에는 보는 대로 인간이 만들어지기 때문에 할 수 없이 부모와 같은 사람이 되어 버리고 맙니다.

그러므로 부모는 아이와 많은 시간을 같이 지내야 하며, 자신의 아이가 사랑이 많고 정직하고 밝은 모습으로 자라기를 원한다면 자신이 먼저 그렇게 되어야 한다는 사실을 명심할 필요가 있습니다. 아이를 끊임없이 야단치거나 때리면 아이 역시 다른 사람을 그런 식으로 대하게 됩니다.

부모에게 매를 많이 맞고 자란 아이는 부모의 매를 못마땅하게 생각하고 자기는 그런 사람이 되지 않아야겠다고 생각하지만, 결국 자신도 자기 자녀들을 때리는 사람이 되기 쉽다는 말입니다.

이처럼 부모는 아이의 생활과 성격을 형성하는 데 막대한 힘을 지니고 있습니다. 아이는 부모가 훌륭하고 존경할 만한 인물인가를 생각함과 동시에 자기도 부모와 같은 사람이 되고 싶다는 인생 목표를 갖고 미래의 자아상으로 여기며 성장해 갑니다.

따라서 부모는 인간을 신뢰하며 책임감이 강하고 근면, 검소, 절약하는 본을 보여 주어야 합니다. 또한 생의 모든 면에서 기쁨과 감사를 표현하는 낙관적인 인생관을 아이에게 보여 주어야 합니다.

부모의 이런 인격이 아이를 성숙시켜 갈 것이며 인생의 좋은 안내자가 될 것입니다. 아이의 성공적인 삶을 위해 아이로 하여금 다른 사람의 입장을 이해하고 다른 사람의 요구에 민감하게 반응하며 다른 사람의 행복에 관심을 가지게 하기 위해서는 부모가 먼저 아이의 입장에 서서 아이의 욕구를 채워 주고 아이를 행복하게 해 줘야 합니다.

♠ 자녀의 말을 들어 주라

아이가 다른 사람과 경쟁하기보다는 다른 사람의 훌륭한 점을 인정해 주고 자기 자신에 대해서도 긍정적인 생각을 갖도록 하기 위해서는 아이의 개성을 키워 주는 방법을 생각해 보지 않을 수 없습니다.

아이의 개성을 키워 주고 무엇보다 아이 자신이 스스로를 아끼는 마음을 갖게 하기 위해서는 부모의 적극적인 교육이 필요합니다.

힘들고 피곤할 때나 기쁘고 즐거울 때나 한결같이 아이를 대하는 부모의 변함없는 태도와 관심이 아이에게는 비록 작은 경험이라 할지라도 큰 성취감으로 잠재 의식 속에 축적될 것입니다.

가정에서의 부모, 거기에 항상 함께 하는 나눔의 소리, 가족간의 대화는 마음의 벽이 생기지 않는 평온함을 가져다 줍니다. 대화는 서로의 마음을 열게 하고 이해하게 하며, 더욱 신뢰할 수 있는 정겨움을 갖게 합니다.

아이는 부모가 자신의 말을 진지하게 귀담아 들어 줄 때 존경하는 마음을 갖게 되며, 자기가 사랑받고 인정받고 있다고 생각해 행복해 합니다. 아이의 말을 들을 때에는 무관심한 태도로 “응, 그랬니?”, “알았다.”라는 소극적인 반응보다는 눈을 맞추면서 “그랬구나.”, “그래서 어떻게 되었니?” 등 적극적인 관심을 보여야 하며, 아이의 감정 표현에 부모도 같은 감정을 가지고 있음을 표정으로 나타내는 것이 좋습니다. 이것은 아이에게 엄마 아빠가 자신을 소중하게 생각하고 있으며, 자신이 엄마 아빠에게 꼭 필요한 존재임을 느끼도록 해 줍니다.

물론 아이의 말을 정성껏 들어 주기 위해서는 대단한 인내력이 필요합니다. 아이는 부모가 적극적으로 반응을 하면 더욱더 자신감을 가지고 많은 질문과 이야기를 하게 됩니다. 이럴 때 부모가 귀찮아 하는 표현을 하게 되면 아이는 거절당한 소외감으로 부정적인 생각을 갖게 됩니다.

만약 바쁜 시간에 쉴 틈 없이 아이가 이야기해 오면 아이의 말을 무시하거나 못하게 무조건 막지 말고 부모의 입장을 이해시켜야 합니다. “엄마 아빠는 지금 이런 일로 바쁘니 나중에 다시 얘기해 줄 수 있겠니?” 하며 아이에게 양해를 구하는 것입니다. 그러면 아이는 의외로 어른보다 더 이해심을 발휘하면서 긍정적인 태도를 보일 것입니다.

어릴 때부터 부모와 이러한 관계를 맺어 온 아이는 남의 말을 잘 들어 주고 자기 생각을 부담 없이 얘기할 수 있는 평온함을 갖게 될 것입니다.

이처럼 아이가 무엇이든 숨김 없이 이야기하지 않는다고 해서

섭섭한 마음을 갖기보다는 아이가 이야기해 올 때 진지한 태도로 들어 줄 수 있는 부모의 자세가 필요합니다. 아이의 말을 기쁘게 들어 주고 이해할 수 있다는 것을 알게 해 주는 것이 부모로 향하는 아이의 마음을 열게 하는 가장 좋은 방법입니다.

아이는 굉장히 신기해 하며 진지하게 얘기하는데 부모가 "바쁜데 지금 무슨 얘기를 하고 있니?" 하는 식으로 반응을 보인다면, 아이는 모든 일에 흥미를 잃어버리고, 알고 싶어하지도 않고, 놀고 싶어하지도 않으며, 궁금해 하지도 않을 것입니다. 아이를 창조적이고 건설적인 방향으로 이끌어 줄 책임이 있는 부모는 언제나 아이의 표정과 행동을 주의 깊게 관찰하고 때론 아이의 주장을 잘 들어 주어야 합니다.

아이는 행동으로 하고 싶은 것이 많아도 말로 잘 표현하지 못하고 불안해 하거나 초조해 합니다. 이럴 때는 아이가 하고 싶어하는 말이나 주장하고자 하는 바를 여유 있는 마음으로 들어 주어야 합니다. 가급적이면 아이의 주장에 동조해 가면서 옳고 그름을 분명히 가려 줄 필요가 있습니다. 또한 그것의 정당성이 인정되면 서슴없이 인정하고 칭찬하여 아이를 편하게 해 주어야 합니다.

부모가 항상 아이의 느낌이나 생각을 듣고 생각해 본 후 때로는 그 대답으로써 자신의 태도를 바꿀 때, 아이는 자신을 존중하는 마음을 가지게 되며 부모를 사랑하고 존경하는 마음 또한 깊어지게 될 것입니다.

♠ 개인차를 인정하라

인간은 자신의 뜻을 세울 수 있는 주체성이 있어야 합니다.

주체성이 강한 사람이 용기 있고 자신감 넘치는 삶을 살 수가 있습니다. 아이를 이러한 사람으로 키우려면 부모는 아이를 다른 형제들과 절대 비교하지 말아야 합니다. 아이는 자신을 다른 사람과 비교하는 것을 제일 싫어합니다. 비교를 많이 당하면 당할수록 반항심과 열등감이 많이 생기고, 솔직하지 못하며, 남을 신뢰하지 못하는 이중적인 사람이 되기 쉽습니다.

"오늘은 너답지 않게 그런 행동을 했구나. 엄마가 아는 너는 그런 행동을 할 아이가 아닌데 말이야. 다음에는 잘 생각하고 행동하려무나." 한다면, 누구와도 비교하지 않고 본래 아이의 인격을 인정해 주고 믿어 주는 것이 되므로 아이는 아무런 반발심 없이 부모의 더 큰 사랑을 느끼게 될 것입니다.

모든 아이들은 부모의 사랑을 가장 많이 받고, 또 인정받고 싶어 합니다. 또한 아이들은 저마다의 장단점을 다 가지고 있습니다. 부모는 아이의 있는 그대로를 받아들여야 하며, 있는 그대로를 존중하고 사랑할 줄 알아야 합니다. 재주가 있든 없든, 성격이 좋든 나쁘든, 밝은 표정이든 어두운 표정이든 이 세상에 단 하나밖에 없는 소중한 존재로 보아 주는 것이 중요합니다.

그러나 많은 부모들이 부모만의 기준을 정해 놓고 그 기준에 도달하지 못하는 아이에겐 심한 편견과 나무람으로 아이의 용기를 꺾어 버리는 경우가 많습니다. 또 부모의 사랑을 자녀의 좋은 행동에 대한 보상으로 이용하려는 경향이 없지 않습니다. 이런 부모 밑에서 아이가 어떻게 자신의 꿈을 펼칠 수 있겠습니까?

"네가 착한 행동을 해야만 엄마 아빠는 너를 사랑할 것이다."라는 식입니다. 이런 조건부적인 사랑은 아이를 불안하게 하고 자신과 주위 세계를 불신하도록 만듭니다.

부모는 융통성이 있어야 합니다. 즉 형제간이라 하더라도 아이들에게는 저마다 개인차가 있다는 사실을 인정하고 그 능력에 맞게 놀이를 제공해 주어야 하며, 개인차에 따라 교육해야 합니다. 다른 아이나 형제끼리의 비교는 금물입니다. 느리다 빠르다를 따지기보다 그 아이의 수준이나 능력에 맞추어 아이가 받아들일 준비가 되어 있는지를 알고 도와 주는 것이 무엇보다 중요합니다.

"형은 그렇지 않은데 너는 왜 그 모양이니?" 하는 식의 말은 아이에게 상처를 줄 뿐이며 발전을 가져오지 못합니다.

형제간이라고 해서 똑같을 수는 없습니다. 서로서로의 장점과 단점이 있게 마련입니다. 부모는 개개인의 장점을 찾아서 아이를 격려해 주고 스스로 자신감을 키울 수 있도록 도와 주어야 합니다. 아이의 개성과 소질, 능력을 인정해 주고 발전할 수 있도록 도움을 주어야 하는 것입니다. 이처럼 부모에게는 일찍부터 아이의 적성과 재능이 무엇인지를 알고 그것을 키워 주는 환경을 제공해 줄 의무가 있습니다.

다른 사람과의 비교로 인해 찢겨진 상처를 안고 성장하기보다는 자기 자신이 가진 능력이 사회가 필요로 하는 한 부분이라는 것을 느끼도록 교육해야 합니다. 아이에게 세상에서 제일 훌륭한 사람은 높은 직위의 사람, 돈이 많은 사람이 아니라 어려운 사람을 도와서 이들을 행복하게 살게 하는 사람이라는 것을 가르쳐야 합니다.

이런 높은 차원의 가치관을 아이에게 심어 주어 '우리'라는 의식, 더 나아가서는 '사회'라는 구성원을 생각하면서 세계인과 어깨

를 나란히 하며 이 나라를 위해 무엇을 할 것인가 하는 건강한 정신
을 가지도록 도와 주어야 합니다.

부모라는 보금자리에서 점차 독립해 가는 아이에게 부모는 아이
가 이 세상을 좀더 당당하고 적극적으로 살아 갈 수 있도록 '힘'을
주어야 하는 것입니다.

♠ 꾸짖음을 온화하게

칭찬과 꾸중은 아이에게 대인 관계와 예절을 가르치는 데 중요한
역할을 합니다. 곧 사회성을 기르는 데 없어서는 안 될 것들입니다.

부모는 이 때 일관성 있는 교육을 해야 합니다. 일관성 있는 교
육만이 아이를 바르게 성장시킬 수 있습니다. 한쪽에서는 심하게
꾸짖는데 다른 한쪽은 지나치게 관대하다면, 아이는 관대한 쪽으로
기울면서 다른 한쪽에 부정적인 감정을 가지게 됩니다. 또한 꾸지
람을 항상 듣고 자라게 되면 겁쟁이가 되고 신경질적인 아이가 되
어 버립니다.

한편 부모는 해서는 안 되는 일, 잘못된 일은 바르지 못한 일이
라고 가르쳐야 합니다.

그렇다고 해서는 안 될 일을 너무 세세한 부분까지 정해 놓고 규
제하는 것은 좋지 않습니다. 아이에게 '왜 해서는 안 되는지' 입장
을 바꿔 놓고 생각해 보게 하고 상대방의 입장이라면 기분이 어떠
할지 아이가 이해할 수 있도록 해 주어야 합니다.

또 버릇 들이기를 할 때의 일관성도 중요하지만 어머니와 아이
의 문제는 두 사람 사이에서 해결하도록 합니다.

"너 아빠 퇴근해 오시면 어디 한번 보자."라는 식의 공포 분위기 조성은 부모의 일관성 있는 훈육이 아니라 '고자질'이라는 좋지 못한 습관을 배우게 하기 때문입니다.

꾸짖는 것은 그 순간 한 번이면 족합니다. 아이는 자기 잘못을 곧 잊어버리기 때문입니다. 따라서 아이가 잘 알아들을 수 있도록 타일러야 하며 "너를 미워해서가 아니라 너를 사랑하기 때문에 바른 행동을 하기를 기대하고 있다."는 것을 느끼게 해야 합니다.

또 꾸짖을 때는 "너의 그런 행동이 이런 좋지 못한 일을 생기게 했구나.", "너는 너의 행동에 대해 어떻게 생각하니? 앞으로 어떻게 했으면 좋겠니?"라는 대화법으로 바람직하지 못한 행동을 고쳐 나갈 수 있는 계기를 만들어 주어야 합니다. "넌 그럴 줄 알았어.", "가망 없는 녀석이야.", "그렇게밖에 못하니?" 식의 절망적인 꾸짖음은 아이를 자포자기하게 만들 뿐 아니라 부정적인 아이로 만들기 때문입니다.

놀이에 열중하다가 아이가 실수로 무엇을 깼다고 해서 아이를 꾸짖어서는 안 됩니다. 어른의 눈으로 볼 때는 큰 과실처럼 보일지 모르나, 아이 자신은 정작 그것이 왜 나쁜지 알지 못하기 때문입니다. 아이의 잘못을 함부로 꾸짖는다든지 비판하는 것은 그만큼 아이의 마음에 혼란과 갈등을 일으키고 상처와 반발심을 갖게 하므로 조심해야 합니다. 아이가 잘하려다가 실수했을 때는 오히려 위로해 주고 격려해 주는 것이 필요합니다. 그리고 아이가 얼마나 최선을 다했는지의 과정을 보고 칭찬해 주어야 합니다.

또 꾸중할 때 감정을 폭발시키는 것은 꾸짖는 사람에게나 꾸중 듣는 사람에게나 해가 된다는 사실을 명심할 필요가 있습니다. 이렇게 되면 아이는 무엇 때문에 자신이 꾸중을 듣는지도 모르게 됩니다. 무엇이 옳은가 나쁜가를 생각하고, 어떤 방법으로 꾸짖어야 아이에게 부모의 애정을 전달할 수 있는지를 깊이 생각하고 꾸짖는 것이 좋습니다.

조용히 온화하게 꾸짖으면 아이는 자기의 잘못을 곧 깨닫습니다. 형제가 함께 자라다 보면 싸움을 하는 경우가 종종 있는데, 이럴 때 부모가 불공평하게 아이를 대하면 아이는 마음의 상처를 크게 받습니다.

"넌 형이니까 참아라."는 말보다는 각자의 이야기를 들어 보고 정확하게 잘잘못을 가려야 하며, 아이 개개인이 부모가 자기를 제일 사랑한다고 느낄 수 있도록 해야 합니다.

아이가 잘못을 했을 때는 따스하게 감싸 주고, 실수를 했을 때는 너그럽게 대해 주어야 합니다. 그리고 희망적이고 창조적인 언어를 사용해야 합니다. 명령조의 말보다는 "하면 좋겠다.", "해 줄 수 있겠니?" 등 아이가 사랑받고 있다는 자부심과 세상을 아름답게 볼 수 있는 기쁨을 가질 수 있는 말을 사용하는 것이 좋습니다.

♠ 부모가 변화하라

아이를 양육한다는 건 참으로 힘들지만, 다른 어떤 일과도 비교할 수 없을 만큼 기쁘고 행복한 일입니다. 따라서 아이를 잘 기르기 위해서는 부모의 끊임없는 노력이 필요합니다.

아이를 바르게 이해하고 좋은 점을 키워 주며 행복한 아이로 기르기 위해서는 부모 자신이 먼저 '어떻게 생활해서 이 아이를 도와줄 것인가'를 생각하며 변화해야 합니다.

무엇을 얼마만큼 아느냐가 아니라 인성 자체가 변해야 합니다. 세상을 보는 눈, 사람을 대하는 태도가 변해야 합니다. 부모가 일상 생활을 하면서 세상이 얼마나 아름답고 좋은가와 매사에 감사하는 마음을 행동으로 보여 주어야 합니다. 또 아이가 공부를 잘하기 원한다면 부모가 먼저 공부하는 모습을 보여 주어야 합니다.

부모가 건강한 성격을 가지고 살아야 아이도 건강한 성격을 갖게 됩니다. 건강한 성격이란 자기가 무엇을 원하는지 확실히 알고 남을 생각할 줄 알며 자기 자리를 잘 알고 남의 자리 또한 잘 알며 존중할 줄 아는 것을 말합니다.

물론 인간을 형성하는 것은 그 아이 자체입니다. 그러나 부모는 뚜렷한 교육적 가치관을 가지고 온화한 모습으로 곁에서 아이를 적절하게 잘 도와 주어야 합니다. 그로 인해 아이는 자기 인생을 잘 건축하고 업적을 성취할 수 있는 것입니다. 부모가 전혀 변화하지 않고 아이에게만 좋은 행동을 기대하는 것은 불가능한 일입니다. 언제나 긍정적인 사고 방식과 포용력으로 아이가 어떻게 살아야 하는지를 부모의 삶을 통해 배워 가도록 해야 합니다.

아이는 기분이 좋고 부모를 좋아할 때 잘 배웁니다. "내 아이가 이런 사람으로 성장했으면 좋겠다."라는 바람이 있다면 부모 스스로가 그러한 삶을 살아야 한다는 말입니다.

부모는 변화되어야 합니다. 부모의 모습이 아이의 교육적 환경이기 때문입니다. 행복하고 따뜻하고 온화한 분위기는 따뜻한 성격을 만들지만, 엄격하고 가혹한 분위기는 엄격하고 냉혹한 성격의 사람으로 성장시킵니다. 가정이 불행하면 가족들은 대체로 실의와 불행감으로 자포자기해서 희망 없이 살아 갑니다. 생에 대한 의욕이나 사명감을 가지고 살기보다 하루하루 시간에 떠밀려 생활해 가는 것입니다.

그런데 가정의 분위기를 만드는 것은 바로 부모의 성격입니다. 그러므로 부모는 가족의 행복을 위해서도 좋은 성격과 생활 방식으로 변화되어야 합니다. 가족들의 성격이 낙관적이면 어떤 일이든 긍정적으로 생각하고 웃으면서 생활하게 됩니다. 이런 생활은 정신 건강에 이주 좋습니다.

아이가 실수했을 때 오히려 위로해 주고 격려해 줄 수 있는 부모야말로 진실로 훌륭한 부모입니다. 이런 가정 교육을 받고 자란 아이는 삶의 모든 면에서 기쁨과 웃음을 발견할 뿐 아니라 생을 아름답고 선하게 보며 어떠한 대인 관계 속에서도 최선을 발견하고 기뻐할 수 있는 사람이 될 수 있습니다.

♠ 말로 입힌 상처는 치유되기 어렵다

친구들 앞에서 체면이 깎이면 무기력한 아이가 됩니다

★ 아이들에게도 체면이 있어 그것이 깎이면 어른 이상으로 참을 수 없는 치욕을 느낍니다.

★ 아이들에게는 독립된 하나의 인격으로 집안에서 인정받고 사랑받고 있음을 친구들에게 보이고 싶은 심리가 있습니다.

★ 아이의 행동이 몹시 위험하거나 별로 큰일이 아니면 친구들 앞에서 주의를 주는 일은 삼가는 것이 좋습니다.

"또 그러면 가만두지 않겠어."

이렇게 야단치면 말을 듣지 않습니다. 위협하기보다는 관심을 다른 곳으로 돌립니다

★ 아이들은 호기심이 많습니다.

아이들은 부모가 "안 된다."라고 하면 더 하고 싶어합니다. 주의를 몇 번씩 주어도 장난을 멈추지 않을 때 부모는 최후의 무기로 "한 번만 더 하면 가만두지 않겠다."라고 말합니다.

★ 아이들에게는 상대방으로부터 공격을 당하면 욕구 불만이 생겨 역으로 공격하는 심리가 있습니다.

★ 부모가 눈을 잠깐 돌린 사이 그 틈을 타서 일부러 더 심하게 장난을 되풀이합니다.

★ 에너지를 발산할 수 있는 다른 자리나 욕구를 충족시킬 수 있는 다른 놀이를 마련해 주면 장난을 그만두게 됩니다. 예를 들면 "유리창에 공을 던지지 말고 밖에 나가 벽에 던지고 놀아라."라고 이야기합니다.

★ 이렇게 하면 아이들의 욕구를 충족시켜 줌과 동시에 제한과 규칙을 정해 줌으로써 사회성을 기르는 데 도움을 줄 수 있습니다.

"그러니까 요전에도 실수했지?"

지나간 잘못보다는 '바로 지금'을 따진다

★ 아이들의 잘못을 부모가 지적했을 때 그 날 잘못한 것 하나만 가지고 야단을 치면 아이들은 반성합니다. 그러나 거기에 지

나간 잘못까지 들추어내서 되풀이 야단치면 아이들은 자존심
에 상처를 입고 또 부모에 대해 불신감을 갖게 됩니다.

★ 아이가 공부를 하면서 TV를 볼 때 "공부할 때는 한눈을 팔지
말아라."라고 그 순간 본 것만 주의시키면 되는데, 엄마들은
보통 "그러니까 요전에도 답을 잘못 쓰지 않았니?" 또는 "그
러니까 매일 다치지."라고 꾸중을 합니다.

★ 한 가지 일만 갖고 꾸중을 하면 곧 알아듣는 아이도 이런 식으
로 계속 늘어놓게 되면 오히려 부모에게 반감을 갖고 원망하
게 됩니다.

★ 과거의 일을 다시 끄집어내어 야단친다든지 앞으로의 일을 미
리 예상해 야단쳐서는 절대로 안 됩니다.

★ 아이들에게 꾸중을 할 때도 포인트를 잡고 감정적으로 되지
않는 것이 중요합니다.

"왜 언제나 그런 거짓말만 하니?"
너무 엄하게 야단치면 또 하나의 거짓말을 만듭니다

★ "거짓말은 도둑의 시초."라는 말이 있듯이 아무리 작은 거짓
말이라도 어른들은 중대한 비행으로 생각하고 야단을 칩니
다. 그렇다고 지나치게 신경질적으로, 마치 죄인 다루듯 하면
거짓이 거짓을 낳고 반발 또한 거세집니다.

★ 평소에 아빠가 서재에 들어가지 못하게 했다고 합시다. 아이
가 호기심으로 서재에 들어갔다가 그만 잉크를 책에 엎질렀
습니다. 아이는 우선 혼나고 싶지 않다는 생각으로 거짓말을

합니다.

"내가 아냐. 아마 순영이가 그랬을 거야." 하고 둘러 대는 것입니다. 이렇게 해서 거짓말은 결국 새끼를 치게 되는 것입니다. 이 때 야단치기보다 "그래도 잉크가 번진 자국이 적어서 다행이구나."라고 말한다면 아이는 자기의 잘못을 솔직하게 이야기하고 용서를 구할 것입니다.

과거 자랑을 하는 부모의 말은 설득력이 없습니다

★ 부모가 아이들을 야단칠 때 "나는 옛날에 집안 일도 잘 도와 주고 공부도 잘하고 심부름도 잘했는데 너희들은 어째서 그러냐?"라고 자신의 어린 시절을 끄집어내 말하는 경우가 많은데, 이런 말은 설득력도 없고 오히려 부모에게 반발을 일으킬 가능성이 높습니다.

★ 부모의 어렸을 때 모습을 실제로 보지 못했고, 또 부모의 결점을 너무나 잘 알고 있기 때문에 좀처럼 믿으려 하지 않는 것입니다.

★ 부모가 자신의 과거를 들어서 아이를 설득하려면 "나도 똑같은 결점이 있었나."라고 인정하는 깃이 오히려 친근감을 주고 부모의 말에 귀를 기울이려는 마음이 생기게 하며, 또 부모를 존경하게 할 것입니다.

막연한 말보다 구체적으로 명확하게 일러 줍니다

★ 아이들을 야단칠 때 "이제 국민 학교에 들어가니까 정신 차리
지 않으면 안 된다.", "똑똑히 해라."와 같은 말을 자주 하게
됩니다. 아이들은 어떤 이유 때문에 야단을 맞고 있다는 것은
알지만, 무엇을 어떻게 해야 좋을지 미래에 대한 구체적인 방
향 제시는 없는 상태입니다.

★ "너는 이런 점이 이렇게 좋지 않다."라고 문제점을 명확하게
지적해 줍니다. 그리고 어떻게 하면 고칠 수 있다는 것을 알
려 줍니다. 그러면 아이 스스로 노력을 할 것입니다.

꾸중하는 목소리가 작을수록 귀를 기울입니다

★ 악을 쓰고 고함을 지르는 것은 감정대로 화를 내는 것이지 꾸
중을 하는 것이 아닙니다. 야단을 칠 때 언제나 큰소리를 내
면 아이들은 야단 맞는 이유는 제쳐놓고 '또야?'라는 마음을
가지게 됩니다. 항상 큰소리를 내면 아이들은 심리적으로 만
성이 되어 야단치는 효과가 별로 없습니다. 좀 크면 오히려
반항적으로 "어휴, 귀찮아.", "알고 있다니까."라고 말대답을
하게 됩니다.

★ 이처럼 큰소리로 항상 야단을 치면 결국은 부모의 말에 반응
을 하지 않는 아이가 됩니다. 이렇게 되면 부모와 자식간에

신뢰감이 없어져 아이들은 부모를 불신하게 됩니다.

★ 화를 내지 않고 야단을 치려면 우선 냉정해야 합니다. "너 왜 엄마가 여기 불렀는지 알겠니?", "네가 한 일을 너는 어떻게 생각하지?"라고 조용하고 나직한 목소리로 천천히 말합니다. 그러면 아이들은 뜻밖에 자신이 한 일을 냉정히 돌이켜 보면서 자기가 잘못한 것을 솔직하게 인정할 마음이 생기게 될 것입니다. 아이가 무엇이 잘못되었는지 충분히 안 것 같으면 "이제부터는 그런 행동을 하지 말자."라고 말합니다.

"너처럼 시끄러운 애는 정말 꼴도 보기 싫다."
인격을 공격하는 꾸지람에는 반성을 안 합니다

★ 아이들은 정신적으로 대단히 예민합니다.
  "어휴, 속상해. 너같이 극성스러운 애는 정말 처음 봤다. 어휴, 꼴도 보기 싫어."라고 감정을 섞어서 지나친 말을 하게 되면, 아이는 정말 내가 부모의 사랑을 받고 있나 하는 불안을 느끼게 됩니다. 이런 인신 공격하는 투의 말은 절대 하지 말아야 합니다.

★ 아이에게 부모의 마음을 충분히 전달하면서도 마음의 상처를 주시 않는 감정 표현이 가장 바람직합니다.
  ∴ 제1단계 : "얘야, 엄마는 시끄러운데."라고 짧게 이야기합니다.
  ∴ 제2단계 : "엄마가 지금 굉장히 화났다."라고 엄마의 감정을 표현합니다.

∴ 제3단계 : "엄마가 지금 무슨 생각 중이니까 좀 조용히 해
달라고 부탁하는데 통 말을 안 듣는구나. 머리가 아프고 화
가 나 여기 있는 것 모두 너한테 던져 버리고 싶은 마음이
야."라고 이쪽 희망 사항과 함께 감정을 표현합니다.

남 앞에서 겸손한 체 자신을 낮추면 아이는 의기소침해집니다

★ 자기 아이가 남한테 칭찬을 받으면 그것을 정확하게 받아들이
지 않고 "아직도 어리광만 부려서 속상해요. 외아들이라서 그
런지 제 마음대로만 하려고 해요." 이렇게 결점을 들어 겸손
한 체하게 되면, 아이는 주눅이 들고 의기소침해집니다.

★ 아이가 자기의 결점을 몇 번씩 들으면 암시 효과가 생겨 '정
말 나는 별수없구나.' 하는 생각을 하게 됩니다.

★ 아이들에게는 자신이 스스로 알고 있는 결점을 '가족이 알고
있는 것은 할 수 없지만 남에게 알리는 것은 싫다.' 라는 심리
가 강하게 작용하고 있습니다.

농담이라도 칭찬에 인색하면 다음엔 하지 않습니다

★ 아이가 어쩌다가 책상에 앉거나 엄마 일을 도우려 할 때 "어
머나 웬일일까? 해가 서쪽에서 뜨겠네." 또는 "오늘은 무슨
바람이 불어서 이럴까?" 하고 말할 때가 있을 것입니다. 대견

해 하면서도 솔직히 칭찬해 주는 것이 멋쩍어 이렇게 빈정거리는 경우가 가끔 있는데, 절대로 그래서는 안 됩니다.

★ 부모의 기대에 응해 준 기쁨을 솔직히 표현하고 칭찬해 주어 아이들이 자신이 부모의 기대를 받고 사랑받고 있다는 것을 알게 해 줍니다.

"엄마 마음을 알겠니?"
애정을 강요하면 감사하기보다 오히려 귀찮아 합니다

★ 아이들에게 말로 확인을 하려는 것은 결국 애정을 보상받으려는 것에 지나지 않습니다.
★ 아이에게 지나치게 강요하면 오히려 강하게 반발하는 것을 볼 수 있습니다.
★ 넓은 마음으로 아이들을 대하면 부모 마음을 자연히 이해하게 될 것입니다.

"어차피 별수없는 아이니까……."
아이의 장래를 부정하는 말은 가족 관계 자체를 무너뜨리게 됩니다

★ 부모 자식 간에 신뢰하는 마음이 없다면 부모의 교육 효과는 없게 됩니다. "어차피 너는 별수없는 인간이니까."라고 부모가 아이의 장래를 부정하는 듯한 말은 절대로 하지 말아야 합니다.
★ 아이에게 장래의 가능성을 희망적으로 암시해 주는 것 역시

부모의 역할입니다.

능력, 외모 등을 비난하는 말은 자신감을 잃게 합니다

★ 부모는 아이를 존중해 주어야 합니다. 무의식 중에라도 아이를 얕보는 마음이 있을 때 잔소리를 하게 되는 것입니다.

★ "너는 왜 그렇게 머리가 나쁘니?"라는 말을 여러 번 듣게 되면, 암시 효과가 크게 작용해 아이는 자신의 머리가 정말로 나쁘다고 생각하고 자신감을 잃어버립니다.

★ 따라서 부정하기보다 항상 아이의 가능성을 일깨워 주는 것이 무엇보다 중요합니다.

버림받았다고 생각케 하는 말은 문제아를 낳습니다

★ 부모가 무심코 내뱉은 말 중 "너 같은 애는 엄마 자식이 아니다." 또는 "나가 버려!"와 같은 말들은 아이의 가슴을 찌르는 무서운 말이 됩니다. 이런 말들을 듣게 되면 부모가 나를 사랑하지 않는 것이 아닐까 하는 불안한 마음이 생기게 됩니다.

★ 심한 욕설은 아이 가슴 깊숙한 곳에 있는 불안을 뿌리째 흔들어 놓아 상상할 수 있는 것 이상의 상처를 아이에게 주게 됩니다.

바람직한 성장

♠ 자신감 있는 아이의 특징

학교 성적이 낮은 아이들 중에는 지능이 낮은 아이도 있지만 지능이 높은 아이도 있습니다. 지능이 높으면 당연히 공부를 잘할 것 같지만 항상 그런 것은 아닙니다. 지능이 높으면서 공부를 제대로 하지 못하는 원인은 여러 가지가 있지만, 그 중의 하나가 자신감이 부족하기 때문입니다. 공부를 잘할 수 있는 능력이 있는데도 불구하고 그렇지 못하니 불행한 일이 아닐 수 없습니다.

그러면 자신감이 있는 아이들의 특징에 대해 살펴보기로 하겠습니다.

첫째, 모든 일을 긍정적으로 봅니다.

둘째, 정서적으로 안정되어 있습니다.

셋째, 자신의 일은 스스로 처리합니다.

넷째, 호기심이 많아 무엇이든 알고 싶어합니다.

다섯째, 매사에 능동적이고 적극적입니다.

여섯째, 용기가 있습니다.

― 모든 일을 긍정적으로 봅니다

자신감 있는 아이들은 자기 자신에 대해서도 긍정적인 생각을 하기 때문에 언제니 '나는 할 수 있다.'라는 신념을 가지고 있습니다.

이것을 긍정적이며 낙관적인 '자아 개념'이라고 부릅니다.

이런 아이들은 대부분 활기에 차 있고 어떤 고난에 부딪혀도 그것을 이겨 내고 승리할 수 있다는 확신을 갖고 있습니다. 이들은 성공을 믿기 때문에 실패를 두려워하지 않습니다. 그래서 아무리 어려운 일을 당해도 위축되지 않고 도전하는 것입니다. 그들은 한마디로 도전자입니다.

― 정서적으로 안정되어 있습니다

자신감이 약해지면 정서적으로 불안해지고, 반대로 정서적으로 불안해도 자신감이 약해지므로 자신감은 정서적 안정과 매우 밀접한 관계에 있다고 할 수 있습니다.

"실수를 하면 어쩌나?", "남들이 나를 비웃지는 않을까?" 등 불안해 하면 자신감 있는 사람이 될 수 없습니다.

자신감 있는 사람은 "한 번쯤 실수하면 어떠냐?", "내가 이번에 실수한다고 해서 내가 완전히 무너지는 것은 아니다."라는 식의 배짱을 갖고 있습니다.

― 자신의 일은 스스로 처리합니다

자신감 있는 아이는 자기 자신의 일은 자기 뜻에 따라 처리합니다. 자기의 일을 스스로 계획하고, 또 그것을 실천에 옮깁니다. 의사 결정이 명확하고 꾸물거리지 않습니다.

반면 자율성이 충분히 형성되지 못한 아이는 의사 결정이 느리고 계획성이 부족합니다. 자기의 일에 대해 수치심을 가지고 있어서 자기 생각을 자신 있게 표현하지 못하는 것입니다.

― 호기심이 많아 무엇이든 알고 싶어합니다

자신감 있는 아이는 호기심이 많습니다. 새로운 일에 관심이 있으며, 또 알고 싶어합니다. 이들은 많은 활동에 적극적으로 참여하고 열심히 탐색합니다. 이러한 호기심이 바로 개척 정신과 도전 의식의 기본입니다.

이것이 없으면 항상 현재 상태에 머물고 싶어하기 때문에 새로운 세계를 경험하지 못합니다.

아이들은 본능적으로 호기심이 많아서 자기 주위를 끊임없이 탐색하고 실험합니다.

어린 시절에 이런 실험적 행동을 너무 많이 금지당하면 호기심이 없어지고 자신감이 없는 사람이 될 가능성이 높습니다.

— 매사에 능동적이고 적극적입니다

자신감 있는 사람은 적극적인 사고를 합니다. 무엇을 배울 때에도 그냥 수동적으로 받아들이지 않습니다. 그래서 실수도 잘하고, 전에 배웠던 것과 연관지어서 생각해 보기도 하며, 새로운 아이디어를 창조해 내기도 합니다.

인생에서 성공한 사람들은 모두 적극적인 창조자들입니다. 그들의 배움의 자세는 수동적이지 않고 능동적이며 두뇌를 끊임없이 회전시킵니다. 아무리 유치한 생각이라도 그냥 지나치는 법이 없이 밖으로 표현해 보고 그것이 맞는지 틀리는지, 또는 가치가 있는지 없는지를 적극적으로 검토해 봅니다. 반면 자신감이 없는 사람은 그러한 행동을 하지 못합니다.

♠ 자신감은 0세부터 기릅니다

― 0~1세의 자신감

아이는 어머니를 비롯한 가족들과 끊임없이 접촉을 하는데, 이생후 1년 동안 아이의 마음속에는 매우 중요한 성격 요소가 형성됩니다.

바로 '기본 신뢰감'이라고 부르는 것으로서, 쉽게 말하면 자기 자신 및 주위 세계를 믿고 의지하는 마음입니다. 이 기본 신뢰감이잘 형성된 아이는 정서적으로 안정되고 자신감 있는 아이로 자라지만, 그렇지 못한 아이는 정서적으로 불안하고 자신감이 없는 아이로 자라기 쉽습니다.

그래서 특히 어머니는 아이에게 불신감을 주는 행동을 삼가야합니다. 즉 울거나 배고프거나 기저귀가 젖었을 때 신속하게 대처해 주어 기본적인 욕구를 충족시켜 주어야 합니다.

― 2~3세의 자신감

이 시기에는 아이의 활동량과 활동 범위가 급격히 증가하므로 밖에 나가서 노는 시간도 점점 길어집니다. 또한 아이의 언어가 놀랄정도로 발달하고 호기심이 굉장히 많아져서 모든 것을 흉내 내고배우려고 합니다. 이렇게 활동이 많아지고 호기심이 증가하고 언어가 발달함에 따라서 아이에게는 '자아(self)'라는 것이 형성됩니다.

즉 무엇을 시키면 "싫어, 안 할래."라고 하고 엄마가 무엇을 해주려고 하면 "싫어, 내가 할 거야."라는 식으로 반항하는 등 자기 주장이 강해집니다. 그러나 이런 현상은 결코 걱정할 일이 아닙니다. 자신감이라는 면에서 보면 오히려 권장해 주어야 할 일입니다.

"네가 뭘 안다고 네 맘대로 하려고 해?"라면서 아이의 주장을 받아들여 주지 않으면 그 아이는 순종적인 사람이 됩니다. 언뜻 보기에 순종적인 아이가 좋은 것 같지만, 스스로 계획하고 의사 결정을 하는 데는 무척 약하므로 반드시 좋다고만은 할 수 없습니다.

― 4~5세의 자신감

이 시기가 되면 아이는 글자나 숫자를 배우기 시작합니다.

알고 싶은 것이 많아져서 "이건 뭐죠?" 또는 "이건 왜 여기 있어요?"라는 식의 질문이 끊이지 않습니다. 이런 지적 욕구의 팽창과 함께 아이는 자신의 '능력'에 대한 개념을 갖기 시작합니다.

자기가 무엇을 '안다'는 것과 '할 수 있다'는 것에 대단한 자부심을 느끼며, 그렇지 못하면 수치심을 느낍니다. 아이들은 키가 큰 것, 힘이 센 것, 공을 더 멀리 던질 수 있는 것, 한 발로 오래 서 있을 수 있는 것 등에서도 자부심을 느끼기 때문에 이런 것을 갖고서 친구들과 경쟁을 합니다. 아이들은 한 가지 경쟁에서 실패하면 다른 종류의 경쟁에서 이기려고 합니다. 다시 실패하면 또 다른 것을 시도해 봅니다. 결국은 자기의 강점을 찾아내서 그것으로부터 자부심을 느끼고 자신감을 얻습니다.

한편 처음부터 자신감이 없고 위축되어 있는 아이는 그런 경쟁에 아예 끼여들지조차 않는 경향이 있습니다. 놀이터에도 잘 나가지 않고 또 놀이터에서도 혼자 노는 아이들을 우리는 무심코 '저 아이는 비사교적이구나.'라고 생각하지만, 사실 이런 아이들은 아이들과 노는 것, 경쟁하는 것 자체가 겁나기 때문입니다. 이렇게 어린아이 때부터 자신감을 잃고 위축되어 있어 사회적 행동을 하지 못하는 아이는 상당히 세심하게 계획된 치료나 교육을 받을 필요가 있습니다. 아이는 물론 부모도 상담을 받아야만 합니다.

♠ 부모가 자신감을 없앱니다

대부분의 부모가 자주 사용하는 자녀 양육 방법, 또는 자녀 양육 태도 중에는 자녀들의 자신감을 저하시키는 바람직하지 못한 것들이 있습니다.

— 다른 아이와 비교하는 것은 가장 나쁜 방법입니다

다른 아이, 특히 착하고 똑똑한 아이와 자기 자녀를 비교함으로써 자기 자녀의 행동을 고쳐 보려는 것은 오히려 자녀의 자신감을 저하시키는 나쁜 방법입니다.

— 과거와 현재의 비교는 바람직한 방법입니다

비교한다고 해서 항상 나쁜 것은 아닙니다. 그 방법이 문제입니다. 자녀의 현재의 발전을 어제의 상태와 비교하는 것은 자녀의 자신감을 키우는 좋은 방법입니다.

— 과잉 보호하면 자신감이 없어집니다

아이를 과보호하거나 혼자 할 수 있는 작은 일까지 일일이 도와주는 것도 아이의 자신감을 저하시킵니다. 그러한 부모 밑에서 과보호를 받고 자란 아이는 자율성도, 독립성도 갖지 못한 채 나약한 성인으로 성장할 가능성이 높습니다.

— 빈정거리거나 악담을 하지 않아야 합니다

부모가 화가 나서 자녀에게 퍼붓는 악담이나 빈정거리는 말은 자녀의 신뢰감을 크게 저하시킵니다. 예를 들어 "너는 어째 이런 것 하나도 제대로 못하니?", "너 계속 그렇게 바보같이 굴 거야?" 등의 말은 좋지 않습니다.

— 다른 사람 앞에서 흉보지 않아야 합니다

자녀에게 직접적으로 욕설을 퍼붓는 경우도 있지만 다른 사람 앞에서 자기 자녀를 흉보는 경우도 있는데, 옆에 있던 아이가 그 말을 들었을 때 그 결과는 직접 욕을 먹은 경우보다 더 해롭습니다.

— 칭찬

칭찬은 마치 물이나 햇빛, 거름과 같습니다. 하루에 세 번 정도 칭찬을 해 주면 반드시 칭찬하는 방향으로 아이가 성장하게 될 것입니다.

♠ 자신감을 기르는 지혜

1) 아이 편에서 생각합니다

— 부모의 태도는 아이에게 그대로 전달됩니다

부모의 표정에서, 또 부모가 무심코 내뱉은 한두 마디 말에서 자녀는 자신의 존재가 송두리째 거부당하는 경험을 하기도 하고, 세상이 한꺼번에 무너지는 느낌을 받기도 합니다.

— 이해하고 있음을 아이에게 보여 줍니다

이해받는 기쁨은 아이로 하여금 자신을 믿고 사랑하는 부모의 기대에 부응하고 싶어하도록 이끌어 줍니다.

이럴 때 아이는 스스로 자신의 능력을 발휘하고 향상시키려는 노력을 하게 됩니다.

— 부모의 이해가 아이들의 소망입니다

진정한 이해는 부모가 자녀의 입장에 서는 것으로부터 출발합니다(부모가 자녀의 연령, 발달 수준으로 돌아가서).

부모는 자녀가 어떤 생각을 하고 어떻게 느낄 것인가부터 생각해야 합니다. 그리고 자녀의 말을 들을 수 있도록 항상 대화의 문을 열어 놓아야 합니다.

2) 능력에 맞는 기대가 필요합니다(개인차)

― 있는 그대로를 받아들입니다

아이를 있는 그대로 받아들인다는 것은 아이 그 자체를 존중하고 사랑하는 것을 말합니다. 재주가 있든 없든, 얼굴이 잘났든 못났든, 성질이 좋든 나쁘든 이 세상에 단 하나밖에 없는 소중한 존재로 보아 주는 것입니다.

― 부모의 사랑은 상벌이 아닙니다

요즈음 많은 부모들이 부모의 사랑을 자녀의 좋은 행동에 대한 상쯤으로 사용하려는 경향이 있습니다. "네가 착해야 나는 너를 사랑한다."는 식입니다. 그러나 이런 식의 조건부적인 사랑 분배는 아이를 불안하게 하고 자신과 주위 세계를 불신하도록 만듭니다.

― 결함이 있더라도 자랑스럽게 생각해야 합니다

우선 아이가 무엇을 크게 잘못하거나 큰 결함을 가졌을 경우라도 이를 있는 그대로 받아들이는 것이 필요합니다. 부끄럽게 생각하거나 아이를 원망하는 태도를 보여서는 안 됩니다. "내가 전생에 무슨 죄를 지었길래 너 같은 것을 낳았을까?", "너 때문에 나는 얼굴을 들고 다니지 못하겠다."라는 식의 말을 해서는 안 됩니다.

― 나쁜 짓을 할 때는 야단을 쳐서라도 고쳐 줘야 합니다

그렇다고 자녀를 무조건적으로 수용하고 사랑하라는 것은 아님

니다. 자녀가 자신을 긍정적으로 보고 자신감을 갖도록 도와 주어야
합니다. 잘못한 행동은 고쳐 주고 잘하는 행동은 더욱 잘하게 하는
것이 올바른 수용의 태도입니다. 자녀 또한 이를 원하고 있습니다.

― 아이의 능력에 맞게 지도해야 합니다

부모는 자녀의 성장 욕구를 충분히 이해하고 이를 지원해 주어
야 합니다. 아이들은 기면 걷고 싶어하고, 걸으면 뛰고 싶어하고,
뛰면 날고 싶어합니다. 부모는 이런 자녀의 욕구를 잘 알아서 적절
하게 지원해 주어야 합니다.

3) 잘하는 것에 초점을 맞추어야 합니다

― '나도 할 수 있다' 는 생각을 심어 주어야 합니다

잘하는 것은 놔 두고 못하는 것만 골라서 꾸중을 하게 되면 잘하
던 것까지 못하게 됩니다. 반대로 잘하는 것을 칭찬하면서 못하는
것을 격려해 주면 모든 것을 잘할 수 있게 됩니다.
"갖고 놀던 장난감을 잘 정돈해 놨구나. 다음에는 책상 정돈도
할 수 있으면 좋겠다."라고 말합니다.

― 정상적인 아이에겐 많은 가능성이 있습니다

아무 것도 못하는 아이는 이 세상에 한 명도 없으며 아무 것도
할 수 없는 아이는 더욱이 하나도 없습니다. 심지어 지적 능력이 떨

어져 특수 학교에 가야 하는 아이까지도 무엇인가 할 수 있습니다. 하물며 정상적인 지능과 신체를 갖춘 아이의 경우는 무궁한 가능성이 잠재되어 있고 이 가능성이 개발되기를 기다리고 있습니다.

— 하찮은 일을 했더라도 반드시 칭찬을 해 줍니다

어른의 입장에서 볼 때는 시시하고 별것 아닌 것도 아이는 그것을 할 수 있기까지 많은 노력을 기울여야 하며, 또 할 수 있다는 데 대해 긍지를 느낍니다.

자녀 스스로 한 노력에 대해서는 격려와 존중이 반드시 뒤따라야 합니다. 그래야만 점차로 부모가 원하는 쪽으로 아이가 노력을 기울이게 될 것입니다.

4) 칭찬과 꾸중은 구체적으로……

— 너의 행동이 어떠하기 때문에 착하다는 식으로 칭찬을 해야 합니다

아이에게 모호한 칭찬을 함으로써 섣부른 허영심을 심어 주거나 부정확한 자아 개념을 심어 주어서는 안 됩니다. 그런 칭찬으로는 자신감이 생기지도 않고, 설사 자신감이 생겼다 하더라고 금세 허물어지기 때문입니다.

"음식을 골고루 먹는 일은 참으로 훌륭한 일이야."라는 식이 되어야지, 무조건 "넌 분명히 튼튼한 사람이 될 거야."라고 해서는 안 됩니다.

— 꾸중도 마찬가지로 왜 나쁘다는 식으로 해야 합니다

꾸중이 아이의 성격이나 태도에 대한 공격이 되어서는 안 됩니다. 구체적인 행동을 두고 이루어져야만 합니다.

"너같이 부주의한 애는 세상에 또 없을 거야.", "넌 왜 맨날 그 모양이니?", "그래, 네가 아무리 해 봤자 그렇게밖에 더 하겠니?", "아예 말아라."라는 식의 꾸중은 피해야 합니다.

"동생을 때린 너의 행동은 옳지 못하구나.", "착한 형은 용서를 할 수 있어야 한다."등의 꾸중이 바람직합니다.

— 존경받는 어른만이 꾸중할 자격이 있습니다

아이가 존경하고 믿는 사람, 또 인정을 받고 싶은 사람이 칭찬하거나 꾸중할 때 효과가 있습니다. 그러기 위해서는 부모 스스로가 항상 최선을 다해 아이에게 모범을 보여야 합니다.

— 필요 이상으로 칭찬하지 않아야 합니다

필요 이상으로 칭찬을 많이 하게 되면 아이가 교만해져서 남을 무시하게 됩니다. 뿐만 아니라 확실치 않은 자아 개념이 사회에 나가서 갑자기 허물어지게 되면 이를 극복하는 데 큰 어려움을 겪을 수 있습니다.

"넌 얼굴도 예쁘고 마음씨도 착하고 머리도 좋고 옷도 예쁘구나." 등의 칭찬보다는 "네 모습은 항상 단정하구나.", "너는 생각을 참 잘할 수 있구나." 등 반드시 때와 장소, 상황에 알맞는 칭찬을 해 주는 것이 좋습니다.

아이를 보면 그 부모의 정신을 알 수 있고 부모의 얼굴을 보면 그 아이의 미래를 짐작할 수 있습니다. 항상 건강하고 올바른 삶을 살아 가기 위해 자신을 가꾸고 다듬으면서 변화하는 부모의 가정만이 행복해질 수 있습니다. 또한 그런 부모 밑에서 보고 느끼고 배우고 경험하는 아이들은 언제나 당당하고 힘찬 전진을 위한 용기와 힘을 가지게 됩니다.

그러므로 부모는 사소한 일에 원망이나 불평 또는 잔소리를 하거나 화를 내며 비판적인 태도를 취하기보다 식사 시간이나 가족이 모인 자리에서 늘 즐거운 대화를 나눌 수 있어야 합니다.

자녀에게 행복을 주려면

— 1 —

행복한 아이

아이의 행복은 부모의 행복이 그대로 전해지는 것입니다.

가정은 가족 구성원이 서로 존경하고 신뢰하며 무조건적으로 용서하고 이해하며 봉사하는 사랑의 보금자리입니다.

기쁠 때는 서로 기쁨을 나눌 수 있고, 상한 마음을 위로받을 수 있으며, 고된 몸의 피로를 풀 수 있는 안식처이기도 합니다.

아이가 가정에서 행복을 체험하고 행복한 인격을 형성하게 된다면, 평생토록 행복하게 살 수 있습니다. 세상에서 일어나는 대부분의 불행한 일과 아픔은 가정에서 비롯된다고 해도 과언이 아닙니다.

어릴 때 당연히 채워져야 할 기본적인 욕구나 애정이 결핍되면 자기 존경심이 길러지지 않아 무책임한 행동을 하는 수가 많습니다. 이와 반대로 훌륭한 인물은 모두가 가정에서 기본적 욕구 해결은 물론 사랑으로 양육되고 교육을 받았음을 알 수 있습니다.

따라서 부모는 정성과 사랑이 깃든 가정을 가꾸어 나감으로써 좋은 환경을 아이에게 제공해 주어야 합니다. 아이는 사랑에 빠지는 것처럼 환경에 빠져듭니다. 어른이 아이를 어떻게 대하는가에 따라 아이는 자신이 생활하는 환경을 사랑할 수도 있고 거부할 수도 있습니다.

부모는 아이가 풍부한 경험을 할 수 있도록 좋은 여건을 만들어 주어야 하며, 거기서 아이 스스로 자유의 기쁨과 책임의 의무를 알게 하여야 합니다.

　신체가 발달하기 위해서는 영양분을 섭취해야 하는 것처럼 정신적 발달은 바람직한 환경과 좋은 경험을 필요로 합니다. 여기에 부모의 인격적인 배려가 뒤따른다면 아이는 행복한 생활을 할 수 있을 것입니다.

　아이에게는 무한한 가능성이 잠재되어 있습니다. 좋은 열매는 좋은 나무에서 얻어지듯이 위대한 인물은 훌륭한 가정, 위대한 부모 사이에서 길러집니다.

　아이가 행복을 체험하고 행복한 인격을 형성하면 평생 행복하게 살 수 있다는 것을 마음속 깊이 새겨 부모는 자율과 책임이 뒤따르는 민주적인 가정을 만들어야 할 것입니다.

♠ 집중력이 있는 아이

　아이의 마음은 그 무엇보다 순수하고 아름답습니다.

　이 마음이 어떤 모습의 부모를 닮아 가고 배워 가느냐에 따라 아이의 모습은 제각기 달라집니다. 아이가 어떤 가치관의 부모를 만나느냐에 따라서 자기의 무한한 능력을 맘껏 키우고 발휘할 수도 있고 기쁨 없는 삶을 살 수도 있습니다. 나약하고 산만한 부모의 아이는 정서적으로 불안정한 사람으로 성장할 수밖에 없습니다.

　이렇게 부모의 책임과 역할은 실로 막중하다고 할 수 있습니다. 가장 소중하고 귀한 자녀의 앞날이 부모의 노력에 따라 결정되는 것입니다.

　따라서 부모는 아이의 정신적인 특징을 잘 이해하고 도와서 신비스런 아이의 정신 세계, 즉 내면의 세계를 잘 발달시켜야 합니다.

아이는 자기의 눈에 보이는 모든 것에 흥미를 갖고 궁금증을 가지고 있습니다. 또한 일어나는 모든 현상과 과정을 이해하고 싶어 합니다. 이런 아이의 호기심을 부모는 잘 알고 또한 충족시켜 줄 수 있어야 합니다.

이러한 환경에서는 아이가 일단 어떤 놀이를 정하게 되면 그 놀이에 집중하게 됩니다. 이렇게 어떤 일에 집중을 하게 되면 아이는 자신의 환경에 대해 긍정적으로 생각하고 부모를 신뢰하게 될 뿐만 아니라 성취감 또한 강하게 느끼게 됩니다.

아이의 집중력은 억지로 시킨다고 생기는 것이 아닙니다. 자기 마음속에서 일어나는 호기심과 욕구에 꼭 맞는 놀이를 발견하고 그것에 흥미를 가질 때 나타나는 것입니다.

집중력을 기르기 위해서는 부모가 동심으로 돌아가서 아이와 함께 놀아 줄 필요가 있습니다. 또한 음식을 골고루 섭취하게 하고, 아이가 좋아하는 것을 열심히 하도록 허용하며, 아이의 발달 수준에 맞는 생활을 스스로 할 수 있도록 도와 주어야 합니다. 또 흥미로운 생활을 할 수 있도록 여건을 만들어 주고 아이 내면의 욕구가 어디에 있는지를 파악하여 아이의 욕구를 충족시킬 수 있는 환경을 마련해 주어야 합니다.

이처럼 집중력은 어느 날 갑자기 생기는 것이 아닙니다. 아이가 정서적으로 만족하고 부모의 충분한 사랑으로 편안한 생활이 이루어질 때 조금씩 쌓여 가는 것입니다.

놀이에서 오는 오랜 집중 현상은 아이의 이탈 현상(지나치게 수줍어하고, 거짓말하는 것, 눈치 보는 것, 반항, 싸움, 파괴적 · 공격적 · 부정적 행동, 고자질, 무기력 등)을 치유할 수 있으므로 오래 집중할수록 좋습니다.

아이가 무언가에 집중하게 되면 자기가 하는 일을 대단히 즐겁게 여기며 행복해 합니다. 또한 얼굴 표정이 밝아지고 정서적으로 대단히 안정되며 독립심 또한 길러지므로 부모들은 아이에게 선택의 자유를 주는 것이 좋습니다. 물론 그 선택에 따른 책임은 아이 스스로 지도록 해, 책임감을 더불어 갖도록 하는 것이 인격 형성 및 집중력 발달에도 도움이 될 것입니다.

이처럼 아이 스스로 놀이를 선택하고 경험하게 하면 책임감과 집중력이 함께 길러지게 됩니다. 이 때 부모는 아이를 계속 관찰하면서 아이를 이해하려는 노력을 기울이는 것이 중요합니다. 또한 책이나 놀잇감을 다양하게 많이 제공하여 아이를 집중시키고자 하는 노력보다는 아이의 내면 세계에 스트레스가 쌓이지 않도록 노력하는 것이 좋습니다.

부정적인 사고 방식으로 아이의 행동을 무조건 못마땅해 하고 잘못된 부분만을 지적하기보다는 좀더 관대하고 너그럽게 포용해 주어야 한다는 것입니다. 계속되는 부모의 잔소리나 불신, 핀잔보다는 격려와 사랑과 신뢰가 함께 하는 분위기를 만들어 주어야 한다는 이야기입니다. 부모의 세심한 관심 속에서 아이 스스로가 맘껏 표현하고 대화를 나누는 행복감을 느낄 수 있어야 합니다. 닫힌 마음과 욕구 불만을 가진 아이는 집중력을 기를 수 없다는 것을 깊이 인식해야 할 것입니다.

♠ 용기가 있는 아이

부모가 끝까지 아이에게 기대를 버리지 않으면 결국 아이는 부모가 바라는 사람이 됩니다. 아이의 자신감은 아무리 실수를 하더라도 끝까지 믿어 주고 사랑해 주는 어른들의 마음에서 나옵니다. 그러한 마음이 아이의 잠재 의식을 움직일 수 있고 아이가 구김살 없는 생활을 할 수 있도록 합니다. 따라서 부모는 항상 긍정적이고 적극적인 태도로 자녀를 대해야 합니다.

가족이 함께 하는 가정의 환경도 모든 것을 어른 중심으로 배치하기보다 아이를 가족 구성원으로 존중해 주는 마음에서 아이 중심으로 배치하는 것이 좋습니다.

또 무엇보다 중요한 것은 아이는 어려서 어른의 도움이 필요하다는 판단으로 부모가 무엇이든 해결해 주고 대신 성취해 주는 과보호는 삼가야 한다는 것입니다.

어떤 가정에 아주 귀한 아들이 있었는데, 부모는 이 아들이 너무 소중하고 사랑스러운 나머지 무엇이든 대신해 주었다고 합니다. 세수를 하는 것, 옷을 입고 벗는 것, 물을 마시는 것까지 부모가 도와주었다는 것입니다. 부모의 도움을 받는 데 익숙해진 이 아이는 어느 날 유치원에서 간식으로 귤을 먹게 되었을 때 껍질을 까지 못해 껍질째 먹었다고 합니다. 모든 것을 부모가 대신해 주었기 때문에 아이의 손 근육이 발달하지 못한 것입니다.

이런 아이에게서 자신감을 찾을 수 있을까요?

아이는 당연히 자기에게 맞는 놀이를 선택할 수 있고 자기 나름대로 발달할 수 있고 진보할 수 있습니다. 자꾸 배우고 되풀이함으로써 성취하게 되고, 자신의 능력에 대한 자신감을 가짐으로 해서 능력 있는 아이로 발전하게 됩니다.

요즈음 부모들은 아이는 무조건 사랑해 주어야 하고 아이가 원하는 것은 무조건 들어 주어야 한다는 생각으로 지나치게 아이에게 이끌려 다니는 경우가 많습니다. 아이가 하고 싶은 것을 못하게 하면 기가 죽고 자신감이 없어진다는 이유에서입니다.

그러나 이것은 명백히 잘못된 일입니다.

부모의 사랑이 아이에게 꼭 필요한 것이지만, 아이의 행동에 대해 옳고 그름을 판단하는 부모의 일관성 있는 통제 또한 필요한 것입니다. 이렇게 했을 때에만 아이가 단체 생활이나 사회 생활을 할 때 자기의 생각만이 최고가 아니라 남의 생각도 인정해 주고 존중할 줄 아는 마음과 판단력을 가질 수 있습니다.

한편 지나치게 의존적이어서 자기 주장을 전혀 하지 못하는 아이가 있습니다.

과잉 보호를 받고 자란 아이와는 달리 부모가 지나치게 아이의 행동을 간섭하고 잔소리하며 행동을 많이 통제할 때 아이는 기가 죽어 자기 주장을 못하고 남에게 맹목적으로 복종하게 됩니다. 이런 아이는 성장해서도 자신감이 없고 위축되어 어떤 일을 하고자 하는 의욕조차 갖지 못하는 수가 많습니다.

아이 스스로 일을 처리하고 책임감을 갖게 하며 자기 주장을 분명하게 할 수 있는 환경을 조성해 주는 것만이 아이의 자신감을 기를 수 있는 길입니다.

부모가 지나친 욕심을 부리지 않고 자녀와 부모 사이도 좋고 편안하면 아이는 자기 능력을 충분히 발휘할 수 있는 여유가 생기게 됩니다.

부모는 이런 자세로 아이가 성공을 많이 체험하도록 지도해 주는 것이 바람직합니다.

♠ 창의력이 있는 아이

어릴 때부터 자기가 하고 싶은 것을 해 보지 못하고 흥미 있는 일에 몰두해 보지 못한 것은 물론, 실패나 성공을 거듭해 보지 못하고 마음껏 탐색하는 경험을 쌓지 못했던 사람은 결코 창의력을 키울 수가 없습니다.

아이는 많은 것을 알고 싶어하기 때문에 라디오를 분해해서 어디서 소리가 나오는지를 연구하기도 합니다. 이런 연구하는 태도에 부모가 동조하고 장려해 줄 때 아이는 정말 공부하고 싶어하고 알고 싶어하며 탐험하고자 합니다.

부모는 항상 함께 하는 마음을 가져야 합니다. 그리고 아이의 질문에 대해서는 되도록 질문으로 대답하는 것이 좋습니다. "엄마, 이거 어떻게 된 거예요?", "글쎄, 너는 어떻게 된 거라고 생각하니?" 하는 식으로 답을 알더라도 그 답을 바로 말해 주기보다는 호기심이나 욕구를 유발시키는 것이 필요합니다. "참 좋은 생각이구나. 그런데 엄마는 잘 모르니 우리 같이 연구해 보자꾸나." 등의 반응이 바람직합니다.

또 아이의 답이 말, 글, 그림이나 몸짓 등 어떤 형태이건 수용해야 합니다. 즉 표현할 수 있는 자유를 허용해야 한다는 것입니다.

또한 아이에게 적절한 질문을 자주 해야 합니다.

창조성은 부모가 가치 있다고 생각하는 답을 주입시킨다고 길러지는 것이 아닙니다. 아이 스스로가 문제 해결을 고민하고 어떻게 하면 좋을지를 이리저리 생각해 보고, 여러 가지 방법으로 많이 생각하며 경험을 반복하는 동안에 길러지는 것입니다. 될 수 있는 대로 어른이 지도하거나 간섭하지 않고 아이 자신이 중심이 되어 체험해 보게 하는 것이 중요합니다.

풍부한 정서와 발랄한 생명력, 그리고 창의력 있는 아이로 기르기 위해서는 아이가 마음껏 즐기며 실컷 놀아 보고, 관심 있고 흥미 있는 일에 몰두해 보며, 자기 표현을 충분히 할 수 있는 환경을 마련해 주는 것이 필요합니다.

사랑과 인정과 신뢰를 넉넉히 받은 아이야말로 모든 것에 흥미를 가지고 생활을 즐기며 사랑할 수 있는 사람으로 커 나갈 수 있습니다.

또 부모는 아이를 당당하고 자신감 있는 세계인으로 길러야 합니다. 아이의 머리에 떠오르는 생각이나 이미지를 자유롭게 표현할 수 있도록 분위기를 만들어 주고, 아이가 자신이 경험하고 생각해서 어떤 현상을 이야기해 올 때에는 칭찬을 아끼지 말아야 합니다.

그럼으로써 자신감을 북돋아 주고 또 새로운 연구를 하고 싶도록 해 주어야 합니다. 그러면 아이는 부모가 시키지 않아도 새로운 것에 대한 호기심으로 창의력이 발달될 것입니다.

♠ 사회성이 있는 아이

부모가 아이를 위해서 무엇보다도 먼저 해야 할 일은 어떠한 사람도 소중하게 생각하고 아껴 주는 마음과 함께 잘 다듬어진 인격을 갖게 하는 것입니다.

　아이를 순수하고 갈등과 불안이 없으며 건전하고 적극적이며 관대하면서도 여유가 있는 착하고 행복한 사람으로 키우기 위해서는 남과 잘 어울릴 수 있는 사랑을 가슴속에 심어 주어야 합니다.

　사람에겐 누구나 남에게 인정받고 싶고 또 사랑을 나누고 싶은 욕구가 있습니다. 이는 곧 사람이 다른 사람과 함께 어울려 살고자 하는 사회적 동물임을 말해 주는 것입니다.

　그러므로 부모는 가정에서 아이가 좋아하고 원하는 대로 해 주고 무엇이든 맡길 것이 아니라 규칙이나 질서, 양보, 예의 등과 같은 생활 교육에도 힘써야 합니다. 이렇게 함으로써 아이는 사회라는 공동체 속에서 잘 적응해 나갈 수 있으며 친구들과도 원만한 관계를 맺을 수 있습니다.

　아이들은 친구들과의 관계를 통해 언어가 많이 발달하며 자신에게 일어나는 여러 가지 감정을 표현하면서 성장해 갑니다. 이 때가 바로 미래에 아이가 부모의 보호를 떠났을 때 사회적 상황에 아이 스스로 어떻게 얼마나 잘 적응하느냐를 결정하는 중요한 시기입니다.

　어린 시절 가정에서 사랑을 많이 받고 자란 아이는 사회성 역시 좋습니다. 사랑받는 아이야말로 사교성도 있고 남을 인정하고 도울 줄 알며 존중하는 마음도 갖게 되는 것입니다.

　차례를 기다리는 것은 기다림을 배우는 것이며, 또 인내심을 기르는 일입니다.

　약한 사람을 도울 줄 알고 다른 사람의 아픔을 헤아릴 줄 아는 따뜻한 마음과 부족한 친구에게 용기를 주고 내 것만 찾기보다는 양보하는 미덕을, 또 남을 배려할 줄 아는 마음을 가질 수 있도록 부모는 아이의 본보기가 되어야 합니다.

그러나 부모의 지나친 사랑은 아이를 고독하게 만듭니다.

아이가 바라는 모든 것을 부모가 이루어 주거나 부모의 지나친 보호 아래 자라난 어린이는 남에게 양보할 줄을 모릅니다. 서로 나누어 가질 줄 모르고, 자기만을 생각하며, 모든 사랑을 독차지하려는 옹졸함을 갖게 됩니다.

이런 아이는 자신이 해야 할 일도 으레 누군가가 해 주기를 기대하고 의지함으로써 마침내 스스로 할 수 있는 능력을 잃어버리고 또래와의 생활도 함께 하지 못하는 외로운 아이가 되어 버립니다.

부모라면 한결같이 자신의 아이가 항상 명랑하고 밝은 표정이기를 바랄 것입니다. 자신의 아이가 이런 어린이로 성장할 수 있기 위해서는 친구와의 관계를 주의 깊게 살펴보고 만일 남에게 피해를 주는 행동을 해서 갈등이 생길 때에는 그 순간에 잘못을 지적해 주고 바람직한 행동이 어떤 것인지를 알게 해야 합니다. 이처럼 부모는 친구와의 사귐에도 도움이 되어야 합니다. 때와 장소에 따라 말이나 행동을 해야 한다는 것을 아이들이 어릴 때부터 익힐 수 있도록 도와 주어야 합니다.

♠ 지구력이 있는 아이

요즈음 아이들을 보면 몹시 나약해서 부모에게 의존하는 경우가 많습니다. 작은 어려움만 닥쳐도 금세 주저앉고 실망하고 자포자기하는 아이들을 쉽게 볼 수 있습니다.

아이 스스로 충분히 해결할 수 있는 일인데도 부모가 대신해 주는 등 과잉 보호를 하는가 하면, 아이의 실수를 지나치게 나무라는 부모의 행동은 분명 잘못된 것입니다. 부모의 부족한 점을 아이에게서 채우려는 보상 심리 역시 아이에게 혼란을 가져다 줄 뿐입니다.

아이를 개성 있게 키우기보다는 부모가 대신 선택해 주고 판단해 주며 책임진다면, 아이가 어디서 하고자 하는 욕구를 발산하고 스스로 만족할 수 있겠습니까?

행복과 불행은 언제나 함께 찾아옵니다. 삶이라는 무거운 짐 역시 아이 스스로 져야 합니다. 인생의 어려움을 이길 수 있는 사람이 되게 하려면 어릴 때부터 인생의 다양한 경험을 맛보게 하는 것이 좋습니다. 다양한 경험은 온갖 어려움을 이길 수 있는 힘을 길러 주기 때문입니다.

이를 위해서는 어릴 때부터 심부름을 자주 시키는 것이 좋습니다. 예를 들면 청소하기, 화초에 물 주기, 설거지(뒷정리), 세탁(손수건, 양말, 신발 등), 잔심부름, 장난감 정리 등 아이가 할 수 있는 일들은 스스로 하도록 합니다. 혼자 할 수 있는 일을 아이의 나이에 맞게 스스로 하는 습관과 태도를 길러 주는 것이 반드시 필요합니다.

또한 어릴 때부터 기본 생활 습관을 길러 주는 것이 좋습니다. 처음엔 아이가 귀찮아 하겠지만 모든 일이 습관이 되도록 부모는 지도해야 합니다.

모든 인간에게는 반드시 의지가 필요하고 또 중요합니다. 역경을 이길 수 있는 아이로 기르려면 등산 등을 통해 힘겹게 걸어 보게 하고, 추운 날씨에도 씩씩하게 뛰놀아 보게 하며, 물건을 나르게 하고, 복잡한 대중 교통을 이용하게 하는 것이 좋습니다.

만일 아이가 의지력이 약하다면 다루기도 힘들 뿐 아니라 아이가 의욕을 갖고 자기 인생을 살아 가지도 못할 것입니다. 아이에게 의지력을 길러 주려면 먼저 아이에게 어떤 일을 선택할 수 있는 기회를 많이 주고 스스로 결정하게 하고 책임지게 해야 합니다. 이처럼 부모는 아이가 자기 자신의 힘을 느낄 수 있도록 기회를 주고 격려해 주어 스스로 독립할 수 있도록 해야 합니다.

또한 아이가 자신의 본능과 행동을 조절할 수 있고 자기 행동에 대해 책임질 수 있도록 해야 합니다. 그러기 위해서는 부모가 불필요한 압력을 가해서는 안 됩니다. 또 아이가 놀이할 때 집중해 성취감을 맛볼 수 있도록 도와 주어야 합니다. 아이에게 너무 어렵다고 생각되는 놀이는 뒤로 밀쳐 두고 아이가 흥미를 보이는 놀이를 충분히 경험할 수 있도록 해 주는 것입니다.

아이가 흥미 있는 일에 집중해서 성공을 맛보게 되면 다른 새로운 놀이를 찾을 것입니다. 이렇게 함으로써 아이는 점점 용기를 갖게 되는 것입니다.

2

소리 없이 우는 아이

부모와 함께 있는 아이가 우는 것을 우리는 좀처럼 볼 수 없습니다. 배가 고프거나 아플 때를 제외하고는 엄마하고 있을 때 아이는 보통 울지 않습니다.

그러나 만약 부모와 함께 있는데도 우는 아이가 있다면 이 아이는 정서적으로 굶주려 있다고 말할 수 있습니다. 부모의 보호 속에서 생활하는 아이들 중에도 혼자만의 공간에서 소리 없이 우는 아이들이 많이 있습니다.

이의 원인으로는 독선적인 부모, 부모의 과보호, 아이의 자신감을 외면하는 부모 등 여러 가지가 있습니다. 이런 아이들의 치료 방법은 아이를 그 고독한 상태에서 해방시켜 주는 것입니다.

이를 위해서는

첫째, 신체적으로 안정되어 있어야 하고

둘째, 정서적으로 안정되어 있어야 하며

셋째, 내가 어디에 속해 있는가를 확실히 알아야 합니다.

또한 부모가 자신을 사랑하고 있다는 확신이 있어야 합니다. 사명감도 중요합니다. 자기가 무엇을 달성하고 싶은가를 알아야 합니다. 또한 자기가 하는 일에 열성적이어야 합니다.

따라서 아이를 그저 예뻐만 할 것이 아니라 어린이 속에 들어가서 아이가 무엇을 느끼고 있는가를 알고 이해하고 아이의 통역자가 되어야 합니다. 또한 부모는 아이의 정신 생활에서 자기 존경심을

길러 주어야 합니다. 아이는 환경에서 얻은 것으로 자신의 정신력
을 창조하기 때문입니다.

우리 부모들은 무의식 중에 아이의 자존심을 꺾어 버리거나 자
라나는 인격과 정서에 상처를 주는 말이나 행동을 많이 한다는 것
을 알아야 합니다. "네까짓 게 뭘 안다고.", "건방진 녀석!" 등 이런
말을 많이 듣고 자란 아이는 자신을 그런 사람으로 믿고 행동하며,
닫힌 마음으로 내 부모도 내가 저렇게 되기를 원하는데 세상에 누
가 나를 믿어 주고 잘되기를 바라겠는가 생각하면서 마음의 병을
키웁니다.

따라서 우리 부모들은 우선 자녀를 존중하지 않는 태도와 행동을
삼가야 합니다. 눈을 흘긴다든지 자녀의 질문에 반응을 보이지 않는
다든지 하는 관심 없는 태도는 아이에게 소외감을 느끼게 합니다.
이런 행동 역시 자녀를 존중하지 않기 때문에 나타나는 것입니다.

아이에게 "고맙다.", "수고 많이 했다.", "미안하다.", "어떻게
하면 좋겠니?" 하는 말들을 일상 생활에서 그때 그때 상황에 맞춰
사용하는 것이 좋습니다. 부모의 이런 태도는 아이에게 자기 존경
심을 길러 주고, 나아가서는 다른 사람도 존중하게 합니다.

아이도 어른과 마찬가지로 하나의 인격체입니다. 부모는 언제나
아이에게 부드럽게 말하고 행동함으로써 아이가 자존심을 가질 수
있도록 해야 합니다.

또한 아이가 어떤 결함이나 결점이 있더라도 사랑으로 포용해
주어야 합니다. 얼굴이 못났든지, 재주가 없다든지, 설령 성질이 좋
지 못하다 할지라도 이 세상에서 가장 사랑스러우며 없어서는 안
될 귀중한 사람으로 생각해야 합니다. 또한 아이 스스로가 부모의
사랑을 가장 많이 받고 있다고 느낄 수 있도록 해야 합니다.

부모가 아이를 사랑하면서도 아이의 인격을 거부하는 경우가 의외로 많습니다.

부모의 기분에 따라 아이가 어떤 잘못을 했을 때 매를 심하게 때린다든지 하는 것은 매우 좋지 않습니다. 아이는 매가 무섭기 때문에 부모 앞에서 그런 행동을 하지 않는다 하더라도 남들 앞에서는 그런 행동을 하게 마련입니다.

아이가 받아들일 수 없는 너무 높은 수준의 요구는 아이의 좋지 못한 행동을 유발하게 되므로 부모는 아이의 성장 단계를 무시하거나 아이의 인격을 거부하고 무시하는 행동을 삼가야 합니다. 지나친 욕심이나 잘못된 교육 방법으로 말미암아 아이는 어디에선가 소리 없는 눈물로 사랑받고 인정받기를 갈망하며 따뜻한 관심을 기다리고 있을 것입니다.

♠ 가정에서의 일상 생활 환경

아이를 교육함에 있어서 부모는 준비하는 자세가 필요하며, 아이가 환경에 쉽게 그리고 스스로 적응할 수 있도록 도와 주어야 합니다.

부모가 준비할 자세로는 첫째, 가능한 한 일을 아이 수준에 맞추어 간편하고 활동하기 쉽게 하는 것이 좋습니다.

예를 들면 어른들의 의자나 식탁처럼 아이에게는 아이의 것이 필요하다는 것입니다. 적어도 장난감 '장'과 자기 옷을 넣을 수 있는 '장' 정도는 준비해 주어 아이 스스로 정리하고 꺼내서 사용할 수 있도록 해야 합니다.

둘째, 아이가 스스로 할 수 있는 일은 절대로 도와 주지 말아야 합니다.

아이는 '혼자 할 수 있도록 도와 주기를 원하기' 때문입니다. 아이 혼자 문제를 처리할 수 있도록 방법을 가르쳐 주고 힌트만 주어야지 모든 것을 대신해 주는 것은 독립심과 자립심을 기르는 데 방해가 됩니다. 아이 혼자 창문 닦는 법을 가르쳐 주고 그릇을 깨뜨려도 '실수할 수 있다'라는 것을 인식시켜 주고 정리를 조금 지저분하게 해도 이해해 주고 지켜봐 주는 것이 아이의 발달에 도움이 된다는 것입니다. 자주 도와 주면 혼자 할 수 있는 내용도 배울 수가 없습니다.

셋째, 아이에게 가능한 한 집에서 사용하는 진짜 물건을 그대로 사용하게 하는 것이 좋습니다.

예를 들면 주전자를 사용할 때 아이에게 먼저 어떤 방법으로 잡고 어떤 방향으로 따르는지만 보여 준다면, 아이는 엄마가 조심스러워하는 것보다 훨씬 차분하게 할 수가 있습니다.

넷째, 물을 쏟았다든지 하는 일이 생겼을 때에는 한 가지 한 가지 쉽게 일의 순서를 정해 해결하는 방법을 보여 주고, 아울러 아이 스스로 뒷정리하는 습관을 길러 주어야 합니다.

다섯째, 아이는 똑같은 놀이를 반복하기를 좋아하며 완전히 익히기 전에는 그만두려고 하지 않는 경향이 있습니다. 따라서 아이가 원하는 만큼 하도록 내버려 두는 것이 좋습니다. 부모의 생각에 따라 새로운 놀이를 하라고 요구하는 일은 절대 삼가야 합니다. 새로운 것을 하고 싶은 욕망이 없는 것은 앞서 하던 놀이에서 만족을 얻지 못했거나 또는 그 일을 완전히 경험하지 못했기 때문에 자신감이 생기지 않았다는 이야기라는 것을 부모는 충분히 고려해야 합니다.

여섯째, 기회가 있을 때마다 규율을 가르쳐야 합니다.

예를 들어 아이가 밖에서 들어올 때 문을 '쾅' 닫고 들어왔다면 "다시 한 번 닫고 들어올래?" 해서 한 번 더 기회를 주고 그런 뒤 조용히 들어왔을 때에는 "아까보다 많이 조용하구나." 하고 격려해 줍니다. 이불을 밟고 다닐 때에도 마찬가지 방법으로 유도해 보고, 손님이 오시면 '돈 달라'는 아이도 평소에 주지 않았다면 손님 앞에서도 주지 말아야 합니다.

이밖에 가정에서 실시할 수 있는 일상 생활 교육으로는

- 자기 옷은 스스로 선택하도록 합니다.
- 옷을 입고 벗는 것을 도와 줄 때는 방법만 보여 주어야 합니다.
- 옷을 벗고 나면 접어서 정리하게 하는데, 접는 방법만 보여 줍니다.
- 이 닦기, 세수, 손 닦는 방법을 보여 줍니다.
- 이부자리 정리는 아이 스스로 하게 합니다.
- 아이의 물건(옷장, 서랍, 책꽂이 등)에는 그 물건의 이름이나 그림 등을 붙여 놓아 그 기능을 알도록 합니다.
- 아이 장난감은 자기가 비눗물로 씻고, 헹구고, 타올로 닦도록 합니다.
- 우유, 주스, 음료수를 따라 먹는 방법을 보여 줍니다. 이런 것들은 아이 스스로 꺼낼 수 있는 높이에 두어야 합니다.
- 식구들의 옷을 분류하는(가족의 이름에 따라) 방법을 보여 줍니다.
- 세탁 후 양말 짝 맞추기를 아이가 하도록 합니다.
- 화초에 물을 주는 책임을 줍니다.

- 음식을 만들 때 양념이나 밀가루의 양, 즉 몇 숟갈 몇 컵 등을 아이에게 조절해서 넣도록 하고, 간단한 음식 만드는 과정을 보여 주며, 6~7세가 되면 스스로 간식을 만들어 먹도록 합니다(샌드위치 등).

부모는 아이에게 집안 일을 배울 수 있는 기회를 주고 아이가 직접 경험해 봄으로써 독립심과 자립심, 자신감을 기를 수 있도록 해야 합니다.

♠ 가정에서의 감각 생활 환경

아이는 태어나면 외부 환경과의 접촉을 통해서 자기의 내적인 세계를 만들어 갑니다. 이런 외부 세계와 상호 작용을 하게 하는 것이 바로 감각입니다.

특히 아이는 신체적인 접촉이 원활히 이루어지지 못하면 제대로 발달하지 못합니다. 영양을 섭취하는 것만으로 성장해 가는 것은 아니라는 것입니다.

환경적인 경험과 감각적인 경험이 충분할 때 아이는 보다 나은 발달을 이루어 간다고 할 수 있습니다. 어른이 가지고 있는 지식의 대부분은 시각을 통해서 얻는 정보이지만, 아이는 감각을 통해서 외부의 환경과 접하게 됩니다.

아이가 쉽게 접할 수 있는 환경과 경험할 수 있는 감각으로는 다음과 같은 것들이 있습니다.

― 냄새 맡기와 맛보기를 하게 합니다

집안에서 음식을 만들 때마다 사용하는 재료들을 하나씩 맛보게 합니다. 신맛, 단맛, 짠맛, 쓴맛 등을 구별하고 음식을 냄새로 구분할 수 있도록 합니다. 고기, 생선, 닭고기 등을 요리할 때 무슨 냄새가 나는지 물어 봅니다.

집안에서 먹는 과일 역시 깎거나 먹기 전에 냄새를 맡게 하여 맛과 냄새에 익숙해지게 하고, 어느 정도 익숙해지면 눈가리개를 사용해 알아맞추게 하는 것도 좋습니다. 또 화장품 냄새를 한 가지씩 맡게 합니다.

집안에 있는 꽃이나 화분 등을 냄새와 짝짓게 하고, 밖에서 꽃을 보았을 때 냄새 맡게 해 집안의 꽃과 짝짓는 훈련을 하는 것도 좋습니다.

― 소리 감각을 느끼도록 합니다

부드러운 소리, 큰 소리, 차 소리, 종소리, 트럭 소리, 승용차 소리 등을 녹음해서 그 차이점이 무엇인지를 아이 스스로 발견하게 합니다.

동물의 소리를 비롯해 집안의 온갖 소리, 즉 믹서기 소리, 세탁기 소리, 설거지 소리, 도마 소리 등 사물을 통해 나온 소리를 들려 줍니다.

텔레비전을 볼 때는 사람의 목소리를 들려 주어 누구의 목소리인지, 소리가 굵은지 맑은지 등을 구별해 보도록 합니다. 또한 바다의 소리나 자연의 소리를 들려 줍니다.

― **촉각 훈련을 위한 놀이를 합니다**

아이와 함께 집에 있는 물건을 찾는 놀이를 합니다.

"우리 집에서 가장 부드러운 것을 가져올 수 있겠니?" 등 매끄러운 것, 부드러운 것에서 제일 거친 것 등의 순서로 물건 가져오기 놀이를 합니다.

차가운 것, 뜨거운 것, 미지근한 것, 무거운 것, 가벼운 것을 찾아보게 하고 옷감의 성질 중 부드러운 것, 까칠까칠한 것 등을 분류해 보도록 합니다. 또 옷장을 열어 놓은 다음 이불의 촉감에 대해 이야기를 나눕니다.

야외에 나가 돌의 성질이나 돌을 만져 본 다음의 느낌을 토론하는 것도 좋은 경험입니다. 또 나무의 성질이나 생김새에 대해 토론해 보고 가늘다, 굵다, 부드럽다, 거칠다 등의 어휘를 사용해 아이가 이해할 수 있게 합니다.

― **모양에 대한 경험을 하게 합니다**

부모는 아이와 함께 집에 있는 물건의 모양을 이야기해 봅니다.

세모, 네모, 둥글다, 길다, 짧다, 넓다, 좁다 등 점토나 밀가루를 사용해 찍어 내는 놀이를 함께 하면서 주변의 사물들을 익히게 합니다. 또 바다, 산 등 보이는 것들에 대해 이야기를 나눕니다.

― **색깔에 대한 경험을 하게 합니다**

식물, 과일, 음식 만드는 재료, 야채 등의 색깔에 대해 이야기해 보고 같은 색깔의 과일이나 야채의 이름을 말해 보게 합니다. 물고

기가 가지고 있는 특징적인 색깔에 대해 토론해 보고, 집안 식구들이 입는 옷들의 색깔에 대해서도 알아봅니다.

♠ 가정에서의 훌륭한 교사

아이들의 잠재 능력은 자극하면 할수록 더욱더 많이 개발됩니다. 부모가 어떤 교육적인 환경에서 자극을 받게 하느냐에 따라 아이의 잠재 능력은 큰 폭으로 발전할 수도, 그렇지 않을 수도 있습니다.

따라서 즐거움이 동반되고 아이 스스로 선택할 수 있게 하는, 즉 아이의 인격을 존중해 주는 교육의 장이 절실히 필요하다고 할 수 있습니다. 아이를 기르다 보면 화나고 짜증스러운 때가 한두 번이 아닐 것입니다. 그래서 잔소리도 하게 되지만, 항상 아이의 입장에서 한 번쯤 생각해 보고 행동하는 여유 역시 필요하다 하겠습니다.

부모가 가정에서 좋은 교사 역할을 다하기 위해서는 다음과 같은 것들이 요구됩니다.

— 다양한 칭찬거리를 찾아봅니다

이것은 백지에 찍힌 점(단점)을 볼 것이 아니라 점보다 더 많이 보이는 백지(장점)를 보아야 한다는 것입니다. 장점만 찾아 칭찬해 주다 보면 단점은 자연히 없어지게 마련입니다.

꾸짖을 때도 잘못된 것만 꾸짖고, 잘못했을 때는 용서해 주되 약속을 어기고 그 잘못을 되풀이할 때에는 아이와 함께 세운 벌칙을 반드시 이행합니다. 만약 매를 한 대 맞기로 했으면 아이에게 왜 맞는지에 대해 이해시키고 때려야 하며, 그런 뒤 바로 안아 주거나 대화를 나눠 마음을 따스하게 감싸 줘야 합니다.

아이는 부모의 칭찬을 들을 때 애정을 느끼고, 꾸지람을 들으면 부모가 자기를 미워한다고 생각합니다.

칭찬은 아이가 존경하고 신뢰하는 사람이 해 줄 때 가장 효과적이며, 이 때도 아이가 왜 칭찬을 받는지 그 이유를 알 수 있도록 해야 합니다.

막연하게 예쁘다, 잘생겼다가 아니라 "이러이러한 행동을 해서 다른 사람에게 도움이 되었다."라는 것을 분명히 말하면서 칭찬해 주는 것입니다. 단, 무엇을 사 주겠다라는 식의 보상은 칭찬이 아닙니다.

또한 부모는 자기 기분이 좋으면 작은 일도 크게 칭찬하고 기분이 나쁘면 과격하게 꾸중하는 경향이 있습니다. 이런 행동은 일관성이 없고 아이로 하여금 부모를 불신하게 하는 만큼 절대 삼가야 합니다.

― 부부가 서로 사랑하여야 합니다

가정은 사랑을 만드는 보금자리로서, 행복을 느끼며 생활하는 곳이어야 합니다.

가정에서의 가족 관계가 모든 인간 관계를 결정짓는다고 해도 지나친 말이 아닙니다. 즉 부모를 사랑하면 세상 사람들도 사랑스럽게 보이고 부모가 미우면 다른 사람들도 미워 보이는 것입니다. 가족간에 따뜻한 애정이 있으면 인간성도 원만해지고, 남의 인격을 존중할 줄 아는 마음을 갖게 됩니다.

자녀를 극진히 사랑하는 아버지라면 자신의 아내 또한 극진히 사랑해야 합니다. 행복한 어머니만이 자녀를 행복하게 양육할 수 있기 때문입니다. 어머니도 마찬가지로 남편을 존경해야 합니다. 존경받지 못하는 불행한 아버지는 결코 좋은 아버지가 될 수 없고 자녀들을 사랑할 수도 없습니다. 부부가 함께 사랑하고 아껴 주는 생활만이 자녀가 기쁜 마음으로 부모를 존경하고 부모에게 순종할 수 있도록 해 줍니다.

항상 웃는 모습으로 아이가 어떤 실수를 하더라도 위로와 격려를 해 줄 수 있는 부모만이 훌륭한 부모가 될 수 있습니다. 가족 모두가 서로의 입장을 이해하고 인정해 주며 있는 그대로 받아들이는 자세를 가져야 합니다. 또한 아이가 잘못하더라도 무조건 꾸짖기보다는 용서하고 이해하며, 자신의 행동을 돌아볼 수 있는 자세가 필요합니다.

이런 가정 분위기에서야말로 아이는 착하고 구김살없이 순수하고 행복하게 자라나는 것입니다.

지나치게 아이 중심이 되어서 끌려 다니거나 지나친 엄격함으로 아이가 맹목적으로 순종하기를 요구하기보다는, 부모가 좋은 모범을 보여서 아이가 부모를 닮아 갈 수 있는 가정 분위기를 만드는 것이 효과적인 가정 교육의 방법이라고 거듭 강조하고 싶습니다.

♠ 부모의 양육 태도와 아이

부모의 양육 태도에 따라 아이가 부정적인 성격을 갖게 되느냐, 아니면 자신감 있고 원만한 성격을 갖게 되느냐가 달려 있습니다.

부모는 자신의 양육 방법이 초래하는 아이의 성격을 파악할 수 있어야 하고, 아이가 행복한 부모 밑에서 자랄 수 있도록 노력해야 합니다. 그러기 위해서는 무엇보다 자녀의 가슴속에 사랑을 심어 주어야 합니다. 사랑이 넘쳐흐르는 포근한 가정 분위기 속에서 양육된 아이만이 긍정적인 삶을 살아 갈 수 있기 때문입니다.

과보호적인 부모의 특징은 아이를 독점하려 하고 아이가 부모에게 의존하는 것을 오히려 기뻐합니다. 따라서 아이는 부모의 욕구를 만족시키기 위해 애를 씁니다. 이들 부모는 간섭이 매우 심하고 사소한 일까지 걱정을 많이 하며 아이를 과대 평가하고 친구를 사귀는 것조차 부모가 선택해서 사귀게 합니다.

이런 부모 밑에서 자란 아이들은 대체로 인내심이 없고 화를 잘 내며 자신감이 부족하고 지나치게 자기 중심적입니다. 또한 열등감을 가지고 있으며, 단체 생활에 적응을 잘 못해 외톨박이가 되는 나약한 성격을 가지고 있습니다.

거부적인 부모의 특징은 아이가 필요로 하는 애정은 주지 않고 아이를 가혹하게 다룹니다. 아이에게 무관심하고 아이를 신뢰하지 않으며 아이의 감정을 수용해 줄 수 있는 따스한 마음이 부족합니다. 또 부부 싸움이나 불화가 잦고 가정이 파괴되었을 때는 흔히 자녀를 거부합니다. 이런 환경의 자녀는 표정이 어둡고 행동이 거칠며, 부정적인 자아 개념이 형성됩니다. 또 다른 사람에 대해 관대한 마음이 부족하고 동정심이 결여되어 있습니다. 부적응 행동을 하고 이중 성격이 형성되는 특징을 지니고 있습니다.

지배적인 부모의 특징은 한마디로 일관성이 부족합니다. 즉 한 가지 행동에 대해서 어떤 때는 많이 꾸짖고, 어떤 때는 그냥 두는 것이 보통입니다. 많이 사랑하다가 그 다음에는 미워합니다. 세밀히 보살피다가도 방임해 버립니다.

흔히 아버지가 거부적이고 어머니는 과보호적일 때 자녀는 양극단 사이에서 반항적인 사람이 되기 쉽습니다. 이런 부모 사이에 있는 자녀는 정서가 불안하고 불평, 불만, 짜증을 많이 내는 성격으로 자라기 쉽습니다. 또 다른 사람의 눈치를 보고 열등감에 사로잡히며 이중 성격을 지니게 됩니다. 침착성이 부족하여 매사에 당혹해하며 미숙한 측면이 있습니다.

이런 가정은 서로 화합하고 양보하며 사랑하는 관계를 맺어야 합니다. 이 때 부모 자신의 정서적 안정감이 무엇보다 중요합니다.

복종적인 부모의 특징은 아이에게 절제 없는 사랑을 줌으로써 사랑과 위엄이 조화를 이루지 못합니다. 이런 부모의 자녀는 고집이 세고 자기 중심적이며 공격적입니다. 또 지나친 자신감이나 우월감에 차 있고, 반항적이며 협동심이 없습니다.

수용적인 부모의 특징은 아이를 있는 그대로 받아들입니다.

아이의 발달 단계에 대해 이해하고 있어 그에 알맞는 요구를 합니다. 부모는 아이가 어른의 축소판이 아니고 소유물도 아니며, 어린이 나름의 인격과 세계가 있다는 것을 인정합니다. 따라서 아이의 세계를 이해하고 인격적으로 대해 줍니다.

이들 부모는 칭찬과 벌을 주는 방법이 교육적이며, 사회적 접촉과 풍부한 경험을 갖도록 도와 줍니다. 아이의 교육에 대한 책임을 부모가 함께 지며, 일관성 있게 지도하여 개성 있는 아이로 키웁니다.

아이의 질문에 대해 성의 있고 현명하게 대처하며, 가정에 규칙과 일과가 있습니다. 또한 부모 스스로가 모범된 행동을 하고 변화 있는 생활을 합니다.

이런 가정의 자녀는 매사에 자신감이 있고 정직하며 상대방을 믿습니다. 사회성이 잘 발달되어 친구와도 잘 어울리며, 협동심이 있습니다. 정서적으로 안정되어 있고 성실하며 성격도 쾌활합니다. 모든 사물을 긍정적으로 바라보기 때문에 생활이 즐겁습니다.

이와 같이 부모가 아이에게 어떤 태도를 보이느냐에 따라 아이의 삶에 대한 태도 자체가 달라질 수 있습니다. 삶을 긍정적이고 자신감 있게 살 수도 있고 부정적이며 열등감에 사로잡혀 살아 갈 수도 있습니다.

그렇다면 자녀가 좋은 행동을 하도록 하기 위해서는 어떻게 해야 할까요? 무엇보다 먼저 자신감을 심어 주어야 합니다. 즉 "넌 그렇게 할 수 있어. 될 수 있어." 등의 격려를 해 주고 부모 스스로 아이의 좋은 모범이 되도록 노력해야 합니다.

그러기 위해서는 긍정적인 언어를 사용하고, 부부 관계가 원만해야 하며, 가정 분위기가 평화롭고 민주적이어야 합니다. 아이는 그런 가정 속에서 좋은 행동을 배우고, 원만한 성격을 형성하며, 큰 꿈을 키워 나갈 수 있습니다.

♠ 바람직한 성품의 아이

어릴 때 좋은 성격으로 형성된 아이는 친구는 물론 어른들과의 관계에 있어서도 아무런 장애 없이 쉽게 친해질 수 있고 바람직한 행동과 훌륭한 인격의 근본이 되는 자기 존중심을 갖게 됩니다.

아이에게는 연령별 특징이 있습니다. 물론 개인차가 조금씩 있기는 하지만 일반적으로 볼 수 있는 성장 과정이 있습니다. 부모가 아이의 특징을 알고 이해하려는 노력으로 양육한다면, 부모도 아이도 좀더 편안한 생활로 이어지지 않을까 생각합니다.

만 3세 아이의 특징은 자기 환경을 탐험하는 데 시간을 많이 보내는다는 것입니다.

온 집안을 뒤지고, 먹고, 만지고, 부수고 해서 자기의 호기심을 충족시킵니다. 매우 감각적이고 또 어휘력이 없을 때이므로 사물이나 상황을 별 어려움 없이 흡수해 버립니다. 또 자기 의지가 나타나기 시작하며 '내 것', '내가 할 꺼야'라는 의욕을 가질 만큼 자기 중심적입니다.

만 4세 아이의 특징은 어떤 물건을 사용했을 때 제자리에 두려는 욕구가 강력하다는 것입니다. 즉 밖으로 표현하고 스스로 요구해 간다는 것입니다.

또한 학습할 수 있는 능력이 생깁니다. 다시 말해 이제까지와는 달리 환경에서 오는 경험을 의식적으로 분류하고 그것을 조직한다는 것입니다. 자기 중심적인 태도가 사라지고 사회성이 생깁니다.

만 5세 아이의 특징은 이제까지 무의식적·의식적으로 받아들인 내용을 소화시킬 줄 압니다. 그래서 그림을 그리거나 장난감을 가지고 놀 때도 자기만의 아이디어를 만들어 냅니다.

좋아하는 친구가 생기고, 남과 협동한다는 의미를 알며, 남과 나누어 가진다는 것도 알고, 남을 사랑한다는 의미도 알게 됩니다. 논리적인 사고력 역시 이 연령에서 가능합니다.

이런 일련의 과정을 잘 거쳐 성장한 아이는 다음과 같은 아이입니다.

- 어떤 환경에도 적응을 잘하는 아이
- 수용 능력이 큰 아이

- 뾰족한 아이, 둥근 성격의 아이 등 상대를 있는 그대로 받아들이는 아이
- 자발적으로 협동을 할 수 있는 아이
- 남을 참견하지 않고 고자질을 하지 않는 아이(정서적으로 만족하는 아이)
- 놀이에 집중할 수 있는 아이
- 책임감이 있는 아이
- 순종할 줄 아는 아이
- 내면의 훈련이 잘되어 있는 아이(상대방을 이해하고 현실을 이해한다는 것을 말한다)
- 가식 없는 순수한 마음을 가진 아이
- 성실하고 부지런한 아이

아이는 자신의 문제를 극복할 수 있는 힘을 가져야 합니다.

그러기 위해서는 무엇보다도 부모의 끊임없는 기다림과 사랑이 필요합니다.

예를 들어 2~3세의 아이가 물을 나르다 계속 쏟자 신경질을 부리며 운다면 그 경험을 자꾸 시켜야 합니다. 그런 과정을 통해서 아이는 근육 조절이 되고 나중에 그 일을 잘할 수 있게 되기 때문입니다. 이처럼 부모는 문제를 해결할 수 있는 힘을 기다림으로 키워 주어야 합니다.

내 아이, 이럴 땐 어떻게 하지요?(전국 어머니들의 상담 사례)

♠ 내성적이에요

내성적인 사람은 다른 사람을 의식하면 왠지 자신감이 없어져서 말도 못하고 얼굴이 붉어지며 불안감을 갖기도 합니다. 자기의 능력도 충분히 발휘하지 못하고 실수를 하기도 합니다.

또 함께 어울려 지내기보다는 혼자 생각에 잠겨 있다든지 혼자서 노는 것을 좋아하며, 다른 사람에게는 별 관심도 없을뿐더러 같이 지내고 싶어하지도 않습니다.

이런 내성적인 아이는 용기와 적극성이 부족한 점도 있지만, 대신 생각이 깊고 신중하며 자기 일에 몰두하고 온순하다는 장점도 가지고 있습니다.

원인

★ 내성적인 성격은 선천적인 경우가 많겠지만 가정에서 부모에게 심한 잔소리나 꾸중, 억압을 많이 받고 자랐을 때 형성되기도 합니다.

항상 잘한 점보다는 단점을 더 많이 지적받았기 때문에 위축되어 있고, '잘 못하게 되면 어떡하나?', '실수하면 어떡하나.' 하는 불안감이 더욱더 소극적인 자세를 갖게 합니다.

★ 부모의 지나친 간섭과 과잉 보호, 지나친 사랑이 아이를 소심하고 겁이 많으며 자신감이 없고 독립심이 약한 내성적인 아이로 만들 수 있습니다. 또 어릴 때부터 친구와 사귀거나 여러 사람과 접촉할 기회를 별로 갖지 못했던 아이는 자기만을 생각하는 사람으로 자라날 가능성이 많습니다.

가령 자기는 남보다 훨씬 잘났다는 우월감이나 다른 아이와 비교당하면서 성장할 경우에 생기는 열등감 때문에 친구들과 놀기를 싫어하고 혼자만 있는 버릇이 생겨서 그런 성격이 형성되는 경우가 많습니다.

부모님의 도움

★ 부모들은 누구나 자기 자녀가 활발하고 사교성이 좋으며 자신감 넘치는 아이로 성장하길 바랄 것입니다. 내성적인 아이라고 해도 열등감만 갖고 있지 않으면 충분히 변화될 수 있습니다.

따라서 부모는 아이가 처음에는 한 친구와 잘 놀 수 있도록 도와 주다가 점차 많은 아이와 어울려 놀 수 있도록 세심한 배려를 할 필요가 있습니다. 이 때 무엇보다 중요한 것은 아이가 처음 사귀는 친구는 아이와 성격이 비슷한, 조용하고 내성적인 아이가 좋다는 것입니다. 이렇게 해서 아이가 친구와 함께 지내고 노는 것이 즐겁다는 경험을 하도록 도와 줍니다.

★ 부모들은 자녀에게 자기 의사를 자유롭게 표현할 수 있는 기회를 주어야 합니다. 하기 싫은 일을 부모가 억지로 시키게 되면 아이는 거부 반응을 보이게 됩니다. 부모는 아이가 하고 싶은 것을 맘껏 해 볼 수 있는 기회를 많이 제공하는 것이 좋습니다.

어릴 때부터 아이를 독립시키고, 아이의 일은 아이 스스로 할 수 있는 기회를 주어 아이가 힘과 용기를 키울 수 있도록 해야 합니다. 아이의 인생을 부모가 대신 살아 줄 수는 없습니다. 아이가 세상의 어떤 어려움도 이겨 낼 수 있도록 힘을 길러 주어야 한다는 것입니다.

수영, 등산 등 모험심을 길러 주는 경험을 하게 하고, 사람들 앞에서 말을 하거나 노래를 부르고 이야기를 해 볼 수 있는 기회를 만들어 주는 것이 좋습니다. 또한 아이가 실수했다고 해서 비웃거나 핀잔을 주어서는 안 됩니다.

★ 내성적인 아이는 무엇보다도 아이의 마음속에 도사리고 있는 정신적 부담감을 없애 주는 것이 중요합니다. 부모가 언제나 따스하고 편안한 분임을 느끼게 하고 아이의 행동에 격려와 칭찬과 관심을 많이 보이는 것이 무엇보다 필요합니다.

♠ 고집이 세요

아이의 고집이 센 것에 대해 '어른이 되면 고쳐지겠지.' 하는 생각은 지나친 낙관입니다.

아이의 무분별한 고집을 그냥 내버려 두면 성격으로 자리잡게 되기 때문입니다. 이런 성격을 가진 아이는 성장해 가면서 자기만이 옳고 바람직하다는 생각에 빠져, 자신의 의견을 좀처럼 철회하지 않고 굳세게 밀고 나가는 경향을 보입니다.

어릴 때 아이의 이런 고집을 통제하지 않고 내버려 두면 어른이 되어서도 독선적인 사람이 되기 쉽습니다.

원인

아이는 자아 의식이 싹트고 발달하게 되면 자기 생각이나 뜻을 내세우고 고집을 부리는 경향이 있습니다. 사회성이 부족하기 때문에 다른 사람의 입장을 잘 이해하지 못하고 자기 주장만을 내세우게 되는 것입니다.

아이의 강한 주관, 신념, 주체성 때문에 고집이 센 경우도 있지만 무엇이든 아이가 원하는 대로 다 들어 주고 아이 마음대로 하는 것을 부모가 내버려 두어도 고집이 세집니다.

고집을 부려도 '아이니까 귀엽다.' 라는 생각에서 그대로 내버려 두면 나중엔 정말 감당하기 어려워지고 아이의 사회 생활에도 악영향을 미치게 됩니다. 또한 부모가 지나치게 아이의 행동을 제지하거나 억압하고 엄격하게 아이를 대해도 아이는 욕구 불만에 대한 표시나 반발심으로 무조건 고집을 부리는 경향이 있습니다.

부모님의 도움

★ 아이는 친구와의 관계에서 사회성을 많이 배우며 융통성 또한 발달됩니다.

친구와 놀 때 고집을 부리면 사이가 좋지 않을뿐더러 따돌림을 당하기도 하고 미움을 받는 등 피해를 보기 때문에 그러한 경험을 바탕으로 타협이라든지 양보하는 것을 배우고 남을 도울 줄도 알게 되는 것입니다. 그러므로 아이가 집에서 혼자 놀기보다 비슷한 또래들과 같이 놀 수 있는 기회를 많이 갖게 해 아이의 원만한 발달을 돕는 것이 좋습니다.

★ 고집은 자아 의식이 싹트면서 더욱 강해집니다.

이럴 때 부모는 아이의 생각과 부모의 생각은 다를 수 있고, 또 다르다는 것을 인정하고 이해하면서 아이의 생각을 존중해 주어야 합니다.

"조그만 게 벌써부터 고집이 세서 안 돼." 하며 강압적으로 복종하기를 기대하면서 고집을 꺾으려고 한다면 아이는 자아에 상처를 입게 됩니다. 아이의 (유아기) 고집과 반항은 독립심의 표현이기도 하므로 잘 이해시키면서 장려해 주어야 합니다.

그러나 만일 아이가 무엇이나 자기 마음대로 하려 하고 남의 입장을 생각지 않고 남에게 피해를 주는 고집을 부린다면, 부모는 이 시기에 아이의 고집을 고쳐 주어야 합니다. 울고 조른다고 해서 무엇이든 들어 주거나 아이가 원하는 대로 하고 싶은 것을 다 하게 해 주면, 결국 아이는 부모가 감당하기 힘든 무법자가 되어 버리고 맙니다.

★ 부모는 아이의 인생길을 잘 안내해 주어야 합니다.

아이가 바르지 못한 길로 무턱대고 가려고 하면 부모는 그 길이 위험한 벼랑에 이른다는 것을 잘 이해시키고, 왜 그 길을 가고 싶은지 아이의 이야기를 들어 주면서 바른 길로 가도록 잘 안내해 주어야 합니다.

무턱대고 아이의 생각이 옳고 기가 꺾이면 안 되니까 너 하고 싶은대로 다 해 주겠다는 식의 교육 방법으로는 아이의 잠재력을 키워 줄 수 없습니다.

아이의 개성과 인격을 존중해 주고 아이가 하는 말을 잘 들어 주고 진지한 태도를 보여 주면서도 때로는 엄격하고 일관성 있는 가정 교육으로 아이가 세상을 살아 가는 지혜를 배우도록 도와야 합니다. 훌륭한 부모를 거울 삼아 사랑을 충분히 받고 자란 아이는 어떤 일의 옳고 그름을 잘 판단하며 순송하는 마음으로 자기의 삶을 개척해 갈 수 있는 힘을 기를 수가 있습니다.

♠ 열등감이 심해요

열등감이란 매사에 자신이 없고 하고자 하는 의욕도 없으며 할 수 있다는 용기와 희망도 갖지 못하는 정신 상태를 말합니다.

아이의 능력은 무한하고 잠재력 역시 뛰어납니다. 그러므로 부모는 아이에게 적절한 자극과 관심과 사랑으로 아이의 잠재력을 최대한 키워 주어야 합니다.

그러나 열등감을 가진 아이는 '나는 못해.', '안 될 거야.' 하는 자신 없고 부정적인 생각으로 자신의 능력을 키워 보지도 못하고 무기력한 어른으로 성장하는 경우가 많습니다.

세상에 태어나서 생활한 지 4~5년밖에 되지 않은 아이라도 열등감을 갖게 되면 표정이 우울하고 심각하며, 행동 또한 소극적이고 나태하게 나타납니다. 정말 안타까운 일이 아닐 수 없습니다.

원인

★ 어릴 때 부모로부터 인정받지 못하고 자란 아이에게 나타나는 정신적 특징입니다. 또한 다른 형제와 항상 비교되고 또 어떤 행동을 해도 칭찬보다는 핀잔이나 비판을 많이 받고 자랐거나 사랑을 충분히 받지 못했을 때 나타납니다.

칭찬과 인정을 받기 위해 어떤 행동을 했으나 의외로 심한 꾸중을 들었을 때, 특히 다른 형제들이나 친구, 또는 어른들 앞에서 꾸중을 들었을 때 아이는 자신의 부족함을 느끼면서 열등감을 갖게 됩니다.

★ 부모의 감정 표현이 지나치게 소극적이어도 아이에게 열등감을 심어 줄 수 있습니다. 따라서 아이에게는 감정이나 애정

표현을 분명하고 확실하게 하는 것이 좋습니다.

예를 들어 "그래, 잘했구나." 하는 스치는 말 한마디보다는 한 번 쓰다듬어 주고 안아 주면서 "이렇게 잘할 수 있을 거라고 엄마는 생각했지." 하는 구체적인 애정 표현이 있어야 합니다. 만일 그렇지 않다면 아이는 부모의 사랑을 느끼지 못합니다.

★ 부모가 생활에 만족하지 못하고 항상 불만스럽게 생각하며 한탄하는 모습을 보고 자란 아이는 열등감을 갖기 쉽습니다. 또 경제적으로 빈곤하거나 신체적으로 결함이 있어 매사에 부정적인 생각을 하고 행동하는 아이도 자신감을 갖지 못합니다. 불리한 환경에 처한 아이일수록 사랑과 인정을 더 많이 받아야 합니다. 환경적인 결함을 보상해 줄 수 있는 사랑이 아이의 정신 건강을 균형 있게 만들어 주기 때문입니다.

부모님의 도움

★ 무엇보다도 아이에게 제일 좋은 방법은 부모의 애정 표현과 사랑입니다.

아이가 좋지 못한 행동을 했을 때도 그 자리에서 당장 야단을 칠 게 아니라 아이가 어떤 욕구 불만이 있는지를 읽을 줄 알아야 합니다. 이것은 항상 아이의 행동을 주의 깊게 보아 온 부모만이 가질 수 있는 통찰력이기도 합니다.

아이의 행동에 뒤따르는 결과를 보기보다 먼저 과정을 보고 아이의 노력을 인정하고 칭찬해 준다면, 능력이 부족한 아이도 부모의 사랑을 자양분으로 삼아 눈부신 발전을 하게 될 것입니다.

★ 아이의 행동에 대해 꼭 꾸짖어야 할 게 있다면 먼저 잘한 점을

칭찬해 준 뒤 잘못한 점을 고치면 더 훌륭하겠다는 조언을 해 주는 것이 좋습니다.

아이 스스로가 자신이 부모에게 없어서는 안 될 귀중한 존재임을 느낄 수 있어야 합니다. 그러기 위해서 부모는 아이를 안아 주거나 웃어 주고 이야기함으로써 아이가 자기 자신을 사랑하고 존중할 수 있는 마음이 생기게끔 해야 합니다.

또 아무리 단점투성이인 아이에게도 장점이 있다는 것을 알고 그 장점을 키워 주어야 합니다. 아이가 "모두들 나를 좋아하고 사랑해.", "나는 힘이 들어도 해 낼 거야." 하는 긍정적인 자아 개념을 가질 수 있도록 인정해 주고 아이를 독립적인 인격체로 대해야 합니다.

★ 남을 아끼고 사랑하는 마음을 갖게 해야 합니다.

누구든지 나보다 좋은 점이 있고 나도 다른 사람들보다 좋은 점이 있다는 것을 알게 해 아이가 지나친 경쟁 의식을 갖지 않게 하는 것이 좋습니다. 어떤 경쟁에서 이기게 되면 세상은 자기 혼자만의 것이라는 교만함을 가지게 되고, 반대로 지게 되면 심한 열등감에 사로잡히게 쉽기 때문입니다. 따라서 아이에게 세상은 모두 함께 살아 가는 곳이며 그 속에서 모두 행복하게 살아야 한다는 것을 알게 해야 합니다.

★ 부모는 자녀를 존중하고 자녀는 부모를 존경하는 아름다운 마음을 심어 주어야 합니다.

♠ 욕심이 너무 많아요

　욕심은 지극히 평범한 인간의 본능이라 할 수 있습니다. 아무런 욕심이 없는 사람이 어디 있겠습니까?
　하지만 지나친 욕심은 자기만을 아는 이기주의자로 만들고, 남의 희생을 당연하게 받아들이는 좋지 못한 인격을 갖게 합니다. 아이들의 놀이를 지켜보면 장난감을 혼자서만 독점하려는 아이가 있는가 하면, 다른 아이에게 자기 물건을 빌려 주지 않을뿐더러 남의 물건을 자기 집으로 가져가는 아이도 있습니다.
　유아기의 아이는 물건을 독점하려는 욕구가 강하기 때문에 서로 장난감을 가지려고 싸우는 경우가 많이 있으며 부모의 사랑 또한 혼자 독점하려는 아이도 있습니다.

원인

★ 똑같은 연령의 아이인데도 부모에 따라 정신 발달이 빠른 아이와 느린 아이가 있습니다.
　정신 발달이 미숙해서 상대방의 입장이나 기분을 이해하지 못하고 무엇이나 저 혼자만 가지려고 하는 아이가 있는가 하면, 지나치게 자기 중심적이어서 갖고 싶다는 생각이 들면 당연히 자기가 가져야 한다고 생각해서 가지려는 아이도 있습니다.

★ 욕심쟁이는 외동아이이거나 막내일 때 많이 나타납니다.
　이런 경우의 부모는 아이를 너무 귀하고 소중하게 여긴 나머지 잘못된 판단으로 아이가 원하는 것은 무조건 다 들어 주고 사다 주는 경향이 있습니다. 이런 부모 밑에서 자란 아이는 어떤 물건에 대해 싫증도 잘 내고 자기만 아는 욕심쟁이가 되고 맙니다.

★ 욕심쟁이는 어떤 물건을 독점함으로써 부모에게서 부족한 사랑을 대리 만족하려는 경향도 있습니다. 소외당하고 사랑받지 못하고 항상 혼자 있기 때문에 욕심을 부리는 경우가 많습니다. 이런 아이는 마음의 갈망을 풍요로운 물질로써 만족하려는 것입니다.

동생이 생겼을 때도 이런 현상이 가끔 나타납니다. 부모의 사랑을 동생에게 빼앗겼다는 생각에서 지나친 욕심을 부리는 것입니다.

★ 아이에게 있어 굶주림은 절제할 수 없는 소유욕을 갖게 합니다. 충분한 사랑을 받지 못하고 '자기 것'을 소중히 다룰 줄 아는 마음이 없다면, 남의 것도 소중히 여기지 않을뿐더러 '남의 것'이라는 것도 인식하지 못합니다.

부모님의 도움

★ 아이가 욕심꾸러기일 때 아이가 원하는 것을 무조건 외면하기보다는 아이에게 관심을 보여야 합니다.

부모는 아이가 무엇이 부족해서 욕심이 많아졌는지를 알아내서 그것을 충족시켜 주어야 합니다. 부모의 사랑에 굶주려 있는 아이라면 더 큰 사랑과 관심을 보여 주어야 합니다.

아이는 여리고 예민해서 상처도 쉽게 받습니다. 부모의 마음대로 되지 않고 따라 오지 않는다고 해서 때리거나 꾸짖거나 거부하면, 아이는 불안해 하면서 눈치를 보게 되고 채워지지 않는 욕심을 끝없이 부리게 되는 것입니다.

★ 남보다 잘 가르치고 뭐든 많이 주어야 한다는 우리 부모들의 그릇된 교육 가치관이 아이를 병들게 하기도 합니다.

하기 싫은 일을 아이에게 억지로 요구하고 시키게 되면 아이는 그 불만을 해소하기 위해 남의 물건을 가지고 간다든지 갖고 싶다는 욕심을 지나치게 갖게 됩니다.

그러나 부모의 애정이 충분하고 기쁘고 편안한 행복을 느끼는 아이는 건강한 정신과 함께 '남의 물건은 소중한 것'이라는 생각으로 남의 물건을 탐내지 않습니다.

★ 아이가 욕심쟁이가 되는 것은 지나치게 풍부한 가정에서 원하는 것을 다 가지거나, 지나치게 궁핍한 가정이어서 욕구 불만이 있기 때문입니다.

이처럼 부모에 따라 아이는 훌륭한 인격을 갖춘 아이로도, 문제아로도 성장할 수 있습니다. 따라서 부모는 아이를 언제나 적절한 사랑으로 보살펴야 합니다. 그것이 부모의 책임이며 아이에게 행복을 주는 길입니다.

♠ 무슨 일이든 흥미가 없어요

어떤 일에 흥미를 갖는다는 것은 그만큼 의욕이 있다는 것이고, 정신적인 스트레스를 적게 안고 살아 가는 것이라고 말할 수 있습니다.

정신적으로 건강하고 행복한 어린이는 그 어떤 일에도 흥미를 보입니다. 흥미는 새로움의 시초이기도 해서, 창의력을 기르기 위해서는 우선 흥미를 가져야만 합니다. 만일 아이가 어떤 일에 흥미

를 갖지 못한다면, 그래서 모든 생활에 즐거움이 없다면, 그 원인을
찾아내서 해결해야 할 것입니다.

원인

★ 흥미가 없는 아이는 일단 부모가 어떤 부류의 사람인지 확인
해 볼 필요가 있습니다. 잔소리를 많이 하는 부모, 계속 어떤
일을 빨리 하라고 재촉하는 부모, 아이의 능력 이상의 것을
요구하는 부모, 부모 자신이 이루지 못한 꿈을 자식을 통해
이루려고 강요하는 부모 밑에서 성장한 아이는 모든 것이 귀
찮고 의욕이 없으며 기쁨을 느끼지 못합니다.
부모가 이끄는 대로 하다가 소극적인 자세로 인해 실패를 맛
보게 된 아이는 이런 경험이 되풀이되면 될수록 점점 표정을
잃게 되고 용기도 없어져 대인 관계를 기피하는 경향을 보이
게 됩니다.

★ 아이의 흥미는 환경으로부터 적당한 자극을 받으면 호기심과
함께 나타납니다.
지나치게 풍요로운 생활에서 풍부한 물건들과 장난감을 접하
게 되면 새로운 맛이 없고 산만하여 오히려 아이를 어수선하
고 무감각한 정신 상태에 빠뜨리게 됩니다. 또 극도로 빈곤한
가정에서 자란 아이는 지나칠 정도로 환경적인 자극이 결핍
되어 있기 때문에 두려움과 생소함으로 흥미를 많이 갖지 못
하는 경우가 있습니다.

★ 모든 문제에서와 마찬가지로 사랑을 받고 자란 아이만이 정서
적으로 안정되어 새로움을 발견할 수 있는 집중력을 갖게 되
는 것입니다.

부모님의 도움

★ 아이는 눈에 보이는 모든 것이 신비스럽습니다. 따라서 흥미 있는 대상을 좇아가 만지고, 느끼고, 경험해 봄으로써 하나하나 배워 나가게 되는 것입니다.

그러므로 부모는 특별히 위험한 것이 아닌 이상 아이가 맘껏 호기심을 느끼고, 그 호기심을 충족시킬 수 있는 여유와 여건을 만들어 주는 데 힘을 기울여야 합니다.

★ 가정에서나 야외에서나 아이가 좋아하는 것을 아이 스스로 선택하게 해서 그 일에 대해 흥미를 갖고 집중하면서 경험을 많이 할 수 있도록 해야 합니다.

아이는 "새로운 것을 보고 들을수록 보고 싶고 듣고 싶은 호기심이 점점 더해 가며 여러 가지 물건을 다루면 다룰수록 그만큼 사물을 다루는 능력이 많아진다."고 합니다. 그러므로 부모는 아이가 새로움을 느낄 수 있는 자극을 많이 제공해 주고, 또 거기에 집중할 수 있는 힘을 가질 수 있도록 아이의 불만을 제거해 주어야 합니다.

★ 아이가 부모를 가장 많이 필요로 할 때는 유아기입니다.

이 시기에 부모는 아이에게 많은 시간을 할애해 여러 가지 경험을 하도록 해 주어야 합니다.

또 등산이나 여행, 모임, 음악회 등 다양한 장소와 그 장소에 맞는 예의 범절을 배울 수 있도록 해 아이가 살아 갈 세상은 아주 다양하고 넓다는 것을 알게 합니다. 올바른 마음과 때에 맞는 행동이 필요하다는 것을 익힐 수 있도록 하는 것 역시 미지의 세계에 대한 관심과 흥미를 키워 주는 일이라 하겠습니다.

★ 부모는 아이의 신체적인 건강에도 관심과 정성을 쏟아야 합니다. 신체적으로 나약하고 무기력하면 모든 게 귀찮아져서 흥미를 가질 수 없기 때문입니다. 흡족한 애정과 인정과 칭찬이야말로 아이의 성장에 없어서는 안 될 아주 중요한 것입니다. 사랑이 있는 곳에는 불필요한 갈등도 긴장도 불안도 걱정도 없기에 아이는 모든 것을 기쁘게 받아들이고 흥미를 가지게 될 것입니다.

♠ 거짓말을 해요

훌륭한 사회성과 대인 관계는 그 사람의 인생을 보다 값지고 보람된 것으로 만들어 줍니다. 따라서 아이가 어릴 때 어떤 인격을 형성하는가가 매우 중요합니다.

사람이 살아 가면서 남에게 인정받고 믿음(신뢰감)을 갖게 하는 것은 아주 값진 일입니다.

물론 거짓말을 해서는 안 되지만 때로는 거짓말이 필요할 때가 있습니다. 즉, 남의 인격이나 자존심에 상처를 입히는 피해를 주지 않기 위해서나 거짓말을 해야만 좋은 결과를 얻을 수 있는 상황을 우리는 간혹 만나게 됩니다.

중요한 것은 남을 사랑하는 마음이 있으면 상대방을 속이거나 거짓말을 할 수 없다는 것입니다.

그러나 유아기에는 거짓말이 어떤 악의가 있다거나 남을 속이기 위해서라기보다는 아무런 내용 없이 말에 섞여 나오는 경우가 많습니다.

원인

★ 아이가 지나치게 겁을 먹고 있거나 꾸중 듣는 것이 두려운 나머지 자기가 한 일도 안 했다고 거짓말을 하는 경우가 종종 있습니다. 이것은 부모가 너무 엄격하거나 아이의 능력과 수준에 비해 지나친 기대를 할 때 벅차서 거짓말을 하게 되는 경우입니다.

또 뭔가를 굉장히 갖고 싶은 욕구가 있을 때 "우리 집에 로보트가 가득 있다."라는 식으로 말할 때도 있습니다.

지나치게 무관심한 부모의 관심을 끌기 위해서, 또는 열등감이나 질투심으로 자기 주변에서 일어난 문제는 자기가 다 해결했다고 거짓말을 하는 경우도 있습니다.

★ 때로는 어른들에게서나 볼 수 있음직한 남을 해치는 거짓말을 아이가 하는 경우도 있습니다. "누가 무엇을 훔쳐 갔다."는 등 어른들이 깜짝 놀라고 당황할 수밖에 없는, 상상을 초월한 거짓말을 하는 경우가 그것입니다.

부모님의 도움

★ 아이가 거짓말을 하면 부모는 큰 죄를 지은 것처럼 당황하거나 안절부절 못하고 아이를 심하게 꾸짖거나 벌을 주는 경우를 종종 보게 됩니다.

그러나 아이의 거짓말은 어른들이 생각하는 만큼 그렇게 크고 절망적인 문제는 아닌 듯합니다. 왜냐하면 보통 아이는 부모의 관심을 끌기 위해서, 아니면 애정 결핍이나 엄격한 부모 밑에서의 생활에서 오는 공포심이나 욕구 불만으로 거짓말을 하기 때문입니다.

여기서 가장 중요한 것은 뭐니뭐니 해도 부모가 아이에게 충분한 사랑을 주고 아이가 부모를 존경하고 신뢰할 수 있도록 아이의 마음에 잠재되어 있는 갈등이나 불신을 없애 주는 일입니다. 이런 평화로움이 바탕이 되어야 아이는 순수하고 정직한 마음을 가질 수 있습니다.

★ 아이가 거짓말을 했을 때 다른 사람들 앞에서 냉정하게 꾸짖는 것은 좋지 않습니다.

부모는 무엇보다도 아이가 거짓말을 하는 원인이 무엇인지를 알 수 있어야 합니다. 일반적으로 아이는 정서적으로 불안하고 부모에 대해 불만이 많을 때 거짓말을 하게 됩니다. 따라서 부모는 아이의 이러한 갈등을 먼저 해소시켜 주어야 합니다.

만일 아이가 부모의 관심을 끌기 위해 거짓말을 한다면 아이의 그 말이 아무리 사랑스럽고 귀엽고 우스워도 반응을 보이지 말아야 합니다. 반면 정직한 행동을 했을 때는 칭찬을 듬뿍 해 줍니다.

이렇게 함으로써 아이는 거짓말보다 정직한 행동이 사랑받는다는 것을 느끼게 되는 것입니다.

★ 아이가 정직하게 생활하기를 바라는 부모라면 무엇보다 먼저 부모 자신이 정직한 언행을 일상 생활에서 실천하는 모습을 보여 주어야 합니다. 거짓말을 하지 않아야 하고, 약속은 반드시 지킨다는 신뢰감을 주어야 하며, 매사에 적극적이고 모범적인 행동을 해야 합니다. 이런 생활을 통해 아이가 저절로 정직함을 느낄 수 있고 흡수할 수 있기 때문입니다. 부모는 언제나 아이의 모델이라는 것을 깊이 새겨야 합니다.

좋은 행동은 물론 좋지 못한 행동까지도 그대로 닮아 가는 것이 바로 아이들이라는 것을 부모는 늘 명심해야 합니다.

♠ 유치원(유아원)에 가기 싫어해요

유아기의 아이들이 모여 있는 곳에 가 보면 엄마와 떨어지지 않으려고 우는 아이가 있습니다. 심지어는 유치원이라는 말만 들어도 가기 싫다고 우는 아이가 있습니다.

이런 경우 원인이 어디에 있는지 파악해서 그 문제를 해결해 주지 않으면 습관이 되어서 나중에 학교에 가는 것까지도 거부할 수 있습니다. 만일 아이가 학교에 가지 않겠다고 한다면 심각한 문제로 그런 아이는 오히려 퇴보할 수도 있기 때문입니다.

따라서 아이가 유치원에 왜 가기 싫어하는지를 알아내어 빨리 치료해 주는 것이 바람직합니다.

원인

★ 아이가 유치원에 가기 싫어하는 이유는 유치원이 싫고 나빠서라기보다는 부모를 떠나지 못하는 경우가 대부분입니다.

그런데 이보다 더 큰 문제는 떨어지지 않으려는 아이를 부둥켜안고 애처로워하는 부모의 태도를 보면서 아이가 더 무기력해진다는 사실입니다.

아이는 걷기 시작하는 그 순간부터 '독립'하려는 욕구가 강하게 일어납니다. 부모의 도움을 받기보다 스스로 기고, 걷고, 뛰고 싶어합니다. 이런 욕구를 가진 아이에게 '독립은 위험하며 엄마의 도움과 손길이 필요하다는 것'을 지나치게 강조하여 혼자 일어설 수 있고 조금씩 걸을 수 있음에도 불구하고 두 팔을 잡아 주고 넘어지지 않도록 과잉 보호를 하는 부모들이 있습니다. 아이는 넘어졌다 일어서고 또다시 넘어지면서 걷는 연습을 하고 더 나아가 성장하는 것인데도 말입니다. 이런 필요 이상의 도움은 아이를 나약하게 만들 뿐입니다.

★ 어릴 때부터 엄마의 치마폭 안에서만 생활하고 친구와 놀 기회를 갖지 못한 아이는 지나치게 의존적이고 응석받이로 자라 엄마와 떨어지는 것을 두려워하고 불안해 합니다. 이런 아이는 자립심이나 인내심이 부족해서 엄마가 아닌 다른 사람과 함께 생활하는 것을 꺼리게 됩니다.

★ 독립심이 없고 사회성이 부족한 아이는 유치원에 가는 것을 싫어하고 항상 부모 곁에서 응석받이로 귀염 받으며 지내길 바랍니다. 이런 아이는 부모가 모든 것을 해결해 주기를 바라고, 또래에 비해서 성장이 늦으므로 친구가 없는 것이 특징입니다.

부모님의 도움

★ 아이들의 모습은 다양합니다. 학교에 갈 나이가 되어도 부모와 떨어지지 못해 온통 뒹굴며 시끄럽게 소리치며 울어 대는 아이가 있는가 하면, 만 2세 아이라도 부모와 상관없이 교실에 들어가 놀잇감을 선택해서 집중하는 아이가 있습니다.

문제는 부모에게 있습니다. 아이를 얼마만큼 하나의 인격체로 생각하고 독립시켰느냐에 따라 아이의 반응이 행동으로 나타나는 것입니다.

아이가 일찍 독립해서 선택할 수 있고 집중할 수 있게 되면 그 아이의 성장은 빠른 발달과 변화를 가져오지만, 항상 부모의 그늘에서 먹여 주는 대로, 입혀 주는 대로, 선택해 주는 대로 생활한 아이는 발달이 그만큼 늦어질 수밖에 없습니다.

★ 어릴 때부터 아이에게 엄마와 떨어져서 혼자 놀거나 친구들과 놀 수 있는 기회를 많이 주어야 합니다. 또 친척이나 다른 가족과 함께 생활해 보게 하는 것도 아이의 독립심을 키우는 좋은 방법입니다. 심부름을 시키는 것도 아이의 사회성이나 자립심, 자신감 발달에 중요한 영향을 미칩니다.

★ 아이가 유치원에 가기 싫어한다든지, 유치원에 가서도 계속 엄마를 찾으면서 운다면 엄마가 당분간 같이 유치원에 가서 아이 옆에 있어 주는 것도 좋습니다. 하지만 엄마와 함께 가는 날이 많지 않은 것이 좋습니다. 그렇다고 조급하게 아이에게서 멀어지기보다는 서서히 같이 있는 시간을 조금씩 줄여 가면서 혼자 있을 수 있도록 도와 주는 것이 좋습니다. 이 때 부모는 아이가 이해할 수 있도록 상황을 잘 일러 주고, 아이가 집으로 돌아올 때는 반갑게 맞이해 아이가 행복을 느낄 수 있도록 해 주어야 합니다.

★ 아이를 과보호하거나 응석받이로 기르지 않는 것이 무엇보다 중요합니다. 자기가 하고 싶은 것과 갖고 싶은 것을 다 해결해 주면 아이는 인내심이 없어집니다. 자유롭게 생활하던 집에서와는 달리, 유치원에서는 규칙을 지켜야 하기 때문에 양보할 줄도 알아야 하고 스스로 해야 하는 어려움이 따르므로 적응을 못하고 유치원에 가기 싫어하는 것입니다.

★ 아이에게 있어 사회 생활은 매우 중요합니다. 어른이 되어 세상을 살아 가는 하나의 준비 과정이기도 하지만, 인간이 지켜

야 할 도덕과 질서와 규칙을 자연스럽게 배워 나가는 과정이기도 하기 때문입니다. 이런 첫 사회 생활을 잘하도록 하기 위해서는 부모가 아이에게 충분한 사랑을 베풀고 평소에 생활 습관을 잘하도록 길러 주어야 합니다.

♠ 늦잠을 자요

유치원 아이들이 나누는 이야기를 잘 들어 보면, 어른들이 시청하는 드라마 주제곡을 부르는가 하면 드라마 내용을 놓고 이야기를 나누는 경우가 많습니다.

"어떻게 그 내용을 아느냐?"고 질문하면 방영 요일을 얘기하며 엄마와 함께 보고 잠자리에 든다고 합니다.

아이에게 충분한 수면은 무엇보다 중요한 요소입니다. 수면은 뇌의 발달에 필요한 영양을 제공하고 피로를 회복시켜 주며 심신의 건강을 돕는 영양소의 하나이기 때문입니다. 특히 성장 발육이 왕성하고 하루 종일 뛰어 노는 아이들은 반드시 충분한 수면을 취해야 합니다.

이런 아이들이 늦은 시간까지 부모와 함께 TV를 시청하거나 놀다 보면 자칫 충분한 수면을 놓치는 게 아닌가 싶습니다.

원인

★ TV가 아이를 정신적으로 자극한다면, 다양한 첨가물이 들어 있는 음료수 등은 생리적으로 아이를 자극합니다.

이런 것들이 요즈음 아이들의 수면에도 영향을 준다는 것은 부인할 수 없는 사실입니다. 또 자라나는 아이의 건강에도 해로울 뿐이므로 이런 것들이 아이에게 어떤 영향을 미치는지 잘 생각해 보아야 합니다.

★ 예전과는 달리 요즘 아이들은 밖에 나가서 노는 것보다 게임기나 장난감을 가지고 집안에서 시간을 많이 보냅니다.
이처럼 좁은 공간에 가만히 앉아 있거나 이 쪽 방과 저 쪽 방을 왔다갔다 하는 게 운동량의 전부일 수도 있습니다. 이런 운동 부족으로 인하여 잠을 잘 못 이루는 아이도 있습니다.

★ 특기 교육, 재능 교육, 학습지 등 너무나 빠듯하게 짜여진 스케줄과 그에 따르는 숙제, 예습 등으로 인해 일찍 잘 수 없기도 합니다.

★ 아이가 잠자리에 들기 전 부모가 외출하거나 음식 먹는 것을 삼가야 합니다. 이런 부모의 행동을 아이가 알게 되면 아이는 빨리 자려 하지 않고 어른들과 함께 지내려는 투정을 부리게 됩니다.

부모님의 도움

★ 아이가 충분한 휴식과 숙면을 취하도록 하기 위해서는 먼저 그럴 수 있는 가정 분위기를 조성해야 합니다. 아이가 잠자리에 들었는데도 부모가 TV를 큰 소리로 켜 놓고 시청하거나 얘기를 나누면 아이가 빨리 잠들 수 없습니다.
또한 낮에 바깥에서 즐겁게 뛰어놀고 충분한 운동으로 재미있는 시간을 보내도록 하는 것이 바람직합니다.

★ 잠을 자기 전에 아이에게 무서운 이야기를 해 준다든지 심한 꾸중을 하는 것도 좋지 않으며, 음식을 먹은 후 즉시 자게 하

는 것도 바람직하지 않습니다.

★ 가정은 온기가 있고 편안한 곳이며 행복을 느낄 수 있는 곳이어야 하므로 부모는 아이들 앞에서 부부 싸움 등을 하지 않아야 합니다.

★ 마음의 평화로움과 평온, 만족감은 가장 좋은 수면제입니다. 즉, 아이 마음에 있는 걱정이나 긴장, 불안감, 공포심 등은 수면을 방해하는 요인이 됩니다.

아이가 잠들기 전 부모는 아이를 아주 따뜻하게 어루만져 주어야 합니다. 가령 낮에 아이에게 꾸중을 했거나 체벌을 했다면 아이의 머리맡에 앉아 부모의 사랑은 변함 없으며, 네가 미워서가 아니라 더 훌륭한 사람이 되게 하기 위해서 꾸중한 것임을 다시 한 번 이야기해 아이가 평안한 마음으로 잠을 잘 수 있도록 돕습니다.

★ 부모도 아이도 규칙적인 생활을 해야 합니다.

잠자는 시간, 일어나는 시간을 일정하게 정하여 특별한 일이 없는 한 가정의 규칙을 실천해 가는 생활 습관을 아이에게 익히게 하는 것이 좋습니다.

♠ 정리 정돈을 못해요

아이의 정리 정돈이 어른들과 같이 깔끔하고 정확하기를 기대한다는 것은 조금 어려운 일입니다.

처음엔 서툴고 약간 지저분해도 일단 물건을 제자리에 갖다 두는 것만으로 만족하는 것이 좋습니다. 이런 식으로 계속 반복되다 보면 어느 날 아이가 티끌 하나까지 깨끗이 주워 담는 모습을 볼 수 있을 것입니다.

부모는 아이가 어릴 때부터 자기 물건은 자기가 정리하고 치우는 자립심과 책임감을 기를 수 있도록 도와 주어야 합니다. 이것은 더 나아가 다른 사람을 배려할 줄 아는 사회성을 기르는 것이기도 합니다. 정리하는 것이 어릴 때부터 습관화되지 않으면 어른이 되어서도 항상 주위가 지저분하고 자기의 물건을 잘 간수하지 못할뿐더러 남에게 불쾌감을 줄 수 있습니다.

원인

★ 물건을 사용하고 나서 제자리에 갖다 두지 않는 것은 아이의 정신을 산만하게 할 뿐 아니라 책임감도 기르지 못하게 합니다. 이런 정돈하지 못하는 습관은 부모의 기본 생활이 아주 어수선하고 질서가 없을 때 아이에게 나타나는 경향이 많습니다. 이것은 아이가 공부할 때 집중력에도 영향을 미칩니다.

★ 아이가 한 일을 스스로 책임지게 하는 것이 아니라 부모가 대신 정리해 주고 치워 주기 때문에 아이가 자기 물건을 자신이 치우지 않아도 된다고 생각해서 정리를 하지 않는 경우도 있습니다.

이렇게 되면 점점 치우기가 힘들게 되어 성인이 되어서도 항상 누군가가 따라 다니면서 치워 주어야 하고 그렇지 않을 때는 언제나 지저분한 환경에서 살게 됩니다. 따라서 어떤 일을 해도 능률이 오르지 않습니다.

★ 모든 면에 의욕이 없고 자포자기하는 심정으로 생활할 때 아이는 정리하는 것이 귀찮아지고 깨끗해야 할 필요성도 느끼

지 못하게 됩니다.

그러나 자기가 흥미 있고 관심 있는 일은 열심히 하면서 정리만 못한다고 한다면, 그 아이는 가정에서의 기본 생활 훈련이 부족하기 때문에 그런 것입니다.

부모님의 도움

★ 부모가 항상 깨끗이 정리 정돈하고 물건을 사용하고 난 뒤에는 제자리에 두는 습관을 아이에게 보여 주어야 합니다.

그러기 위해서는 집안의 물건은 자리를 정해 두고 언제나 그 자리에 보관될 수 있도록 표시를 해 두는 것이 좋습니다. 그리고 사용 후에는 반드시 제자리에 정리해 두는 규칙을 가족 모두가 실천합니다.

★ 아이가 장난감을 가지고 놀 때에는 모든 장난감을 한 곳에 쏟아 부어 놓고 정신없이 갖고 놀게 하지 말고, 종류별로 조금씩 다른 그릇이나 바구니에 담아 와서 가지고 놀 수 있도록 합니다.

이것 저것 모두 쏟아 놓고 가지고 놀면 너무 많은 장난감에 아이는 금방 싫증을 내고, 그것을 정리할 때도 지루하고 힘들어 끝까지 정리를 하지 못하게 됩니다.

★ 생활 습관은 반복되는 훈련 속에서 익혀지는 것입니다. 정리하는 것도 처음에는 부모가 조금씩 도와 주면서 배우게 해야 합니다. 그런 다음 아이 혼자서 잘할 수 있도록 격려하고 칭찬해 주는 것이 바람직합니다. 아이는 정리한 뒤에 깨끗하고 아름다워진 방을 보면서 기쁨과 성취감을 느끼게 되는 것입니다.

이런 책임감을 아이가 가질 수 있도록 부모는 꾸준히 관심을 기울여 정리하는 행동이 습관화되도록 해야 합니다. 아이가 정리하는 것이 습관이 되면 지저분한 것을 싫어해서 솔선해 정리하는 환경을 만들어 나감으로써 능률적인 놀이나 학습을 하게 됩니다.

★ 어른이 말하지 않아도 자기가 할 일을 잘하고 똑같은 물건을 다른 사람이 사용하게 될 때 불쾌감을 느끼지 않도록 잘 정리할 줄 아는 배려를 할 수 있기를 바란다면 부모가 먼저 그런 생활을 해야 합니다.

★ 정리를 못한다고 꾸중을 하거나 강제로 정리하게 하면 효과가 없습니다. 아이는 정리보다는 놀이에 흥미를 갖고 즐거워하기 때문입니다. 하지만 정리도 놀이 못지않은 즐거움이고 기쁨이라는 것을 아이가 느끼고 경험할 수 있도록 부모는 격려해 주어야 합니다.

♠ 나쁜 말을 많이 해요

유아기의 아이들은 어떤 말을 할 때 그 말에 어떤 뜻이 있고 왜 나쁜지를 잘 느끼지 못합니다. 그냥 큰 아이들이 사용하니까 따라하는 것이고 텔레비전에서 들은 말이니까 즐거워하며 생각 없이 내뱉는 것입니다.

이런 말을 부모가 무조건 금지시키면 그 반발로 더 많이 사용하게 됩니다.

이런 아이의 태도에 부모는 더욱 당황해서 잔소리를 하거나 꾸중을 더 심하게 하는 수가 많습니다.

원인

★ 아이가 나쁜 말을 많이 사용하는 것은 어른들이 이런 말을 쉽게 사용하기 때문입니다. 모방을 좋아하고 언어 발달이 빠르며 말에 대한 감수성이 예민한 아이들은 TV 등을 통해 유행어나 새로운 말을 들으면 곧 사용하고 싶은 충동을 느낍니다. 즉 아이들은 이상한 말을 들으면 그것을 바로 기억하고 악의 없이 반복해서 사용하려는 경향이 있습니다.

★ 아이들은 다른 아이를 골려 주거나 농담을 하고 싶을 때 나쁜 말이나 욕을 합니다. 또 화가 날 때나 불행한 느낌이 폭발할 때, 사랑이 부족할 때나 누군가의 관심을 받고 싶을 때도 나쁜 말을 사용합니다.

★ 아이의 마음에 뭔가 불만이 많이 쌓여 스트레스를 해소하고 싶을 때 아이는 욕이나 나쁜 말을 함으로써 후련한 기분을 느끼기도 합니다. 이것은 감정을 발산시킨 후련함을 느끼기 위해서가 아닌가 싶습니다.

부모님의 도움

★ 가족 모두가 고운 말, 바른 말을 사용하면 아이도 자연히 그런 말을 배우게 마련입니다.

★ 아이가 욕을 하거나 나쁜 말을 할 때는 부모가 웃거나 꾸짖거나 화를 내는 것보다는 무관심하게 흘려 버리는 것이 좋습니다. 어른이 이러한 말에 반응을 보이면 아이는 더 많이 사용하는 경향이 있습니다. 하지만 부모가 아무런 반응을 보이지 않으면 아이는 그 말에 대해 흥미를 잃고 차차 잊어버리게 됩니다.

만일 나쁜 말을 했다고 아이를 심하게 야단치게 되면 오히려
아이는 더 많이 한다는 것을 기억하기 바랍니다.

★ 아이가 계속해서 나쁜 말을 사용할 때는 "누구든지 말하는 것
을 보면 그 사람이 착한 사람인지, 나쁜 사람인지를 알 수 있
단다. 그러니 좋은 말을 사용하는 것이 더 좋지 않겠니?" 하
고 따뜻하게 일러 주는 것이 좋습니다.
"그런 말을 하면 못써! 나쁜 말이니까 사용하지 마라." 식으
로 강하게 금지시키면 아이는 오히려 더 많이 하는 경향이 있
습니다. 그러므로 그냥 방관하는 것이 오히려 빨리 고치는 방
법일 것입니다.

★ 아이가 나쁜 말을 배운다고 해서 친구들과 놀지 못하도록 하
는 것은 오히려 좋지 않습니다.
어린 시절에는 친구들과 사귀고 노는 것이 가장 중요하기 때
문입니다.

★ 유행어를 아이들은 즐겨 사용합니다.
특히 코미디언이나 자기가 좋아하는 사람이 사용하는 유행어
와 몸짓에 흥미가 많아 쉽게 모방합니다. 아이는 이런 모방을
통해서 언어도 발달하고 말하는 연습도 하는 것이므로 큰 문
제로 삼을 필요는 없습니다.
만일 아이가 남의 마음을 상하게 하거나 남의 주목을 끌기 위
해서 일부러 나쁜 말을 사용한다면, 그것은 사랑에 대한 욕구
를 충분히 만족시켜 주는 것이 최선의 방법이라 하겠습니다.

♠ 돈을 달라고 해요

유아기에는 돈의 개념을 잘 알지 못하지만 돈으로 물건을 구입할 수도 있고 돈을 써 버리면 돈이 없어진다는 것 정도는 이해하고 있습니다.

그러므로 아이에게 때때로 직접 물건을 사게 하는 경험을 시키는 것이 필요합니다. 그러나 아이에게 너무 많은 돈을 맡겨 버리면 아이가 돈의 중요성을 미처 인식하기도 전에 쉽게 써 버림으로써 조절 능력과 경제 교육을 위한 준비가 불가능해질 수 있습니다.

부모는 용돈을 주기보다는 그때 그때 물건을 구입하는 경험을 하도록 도와 주는 것이 좋습니다. 유아기의 아이가 돈을 달라며 조르는 모습을 흔히 볼 수 있는데, 이럴 때 부모는 아이를 바람직한 방향으로 지도해야 합니다.

원인

★ 아이는 호기심이 강해서 새로운 물건을 보면 갖고 싶어하고, 또 그 물건을 사고 싶어서 돈을 달라고 조르기도 합니다. 형이나 친구가 돈을 가지고 있는 것을 보면 덩달아 갖고 싶어서 조르기도 합니다.

★ 부모가 바쁜 생활에 쫓겨서 아이와 함께 있어 주지 못할 때 안쓰러운 마음에서 아이에게 돈을 주는 경우가 종종 있습니다. 이런 일이 반복되면 아이는 부모가 외출할 때는 당연히 돈을 받아야 한다는 생각을 가질 수 있습니다.

★ 또 아이가 집에서 부모를 귀찮게 하거나 부모의 일에 방해가 될 때 부모가 아이에게 돈을 주어서 밖에 내보내는 경우를 볼

수 있습니다.

이럴 때 아이는 적은 돈으로도 이것 저것 사탕이나 과자 등을 사서 먹고 다니며 친구에게 자랑하기도 하고 나누어 주면서 함께 놀기도 합니다.

★ 평소에는 얌전하고 공손한 아이가 손님만 오면 돈을 달라고 떼를 쓰는 경우가 있습니다. 이럴 때 부모는 혹시 손님께 폐를 끼치고 방해가 되는 행동을 하지 않을까 하는 염려스러운 마음에서 얼른 돈을 주어 밖으로 나가 놀게 하기도 하고 다른 장소에 조용히 있도록 하기도 합니다.

부모님의 도움

★ 아이의 간식이나 먹을거리는 어머니가 직접, 아니면 함께 만들어서 먹도록 하는 것이 좋습니다.

돈을 주어 밖에서 사 먹지 않도록 해야 합니다. 가게에는 불량 식품도 있다는 것을 명심하고 집에서 만든 간식을 먹이는 것이 바람직합니다.

★ 아이가 돈을 달라고 조를 때마다 부모는 시끄러워서 또는 귀찮아서 아이에게 돈을 주게 되면 아이는 사는 즐거움에 관심을 쏟게 되어 필요 없는 물건도 절제 없이 구입하게 됩니다.

유아기의 아이에게는 용돈을 주지 말고 국민 학교에 들어갔을 때 주는 것이 바람직합니다. 또한 아이는 그 용돈을 어디에 지출했는지 자세하게 기록하여 부모에게 보이도록 하는 것이 좋습니다.

또 일정한 액수 외의 돈은 절대 주지 말아야 합니다.

★ 아이가 돈을 달라고 얘기할 때는 그 돈을 어디에 쓸지 물어 보

고 그 이유가 타당하고 필요한 용돈이면 주되 그렇지 않으면
주지 말아야 합니다. 돈이란 것은 쉽게 주어지는 것이 아니라
부모가 열심히 일을 해야 얻는 것임을 알게 하여 계획성 없이
낭비하는 일이 없도록 교육해야 합니다.

★ 다른 사람이 돈을 주었을 때는 그 돈을 저금하는 기쁨을 맛보
게 하고 꼭 필요한 물건을 살 때 보태게 함으로써, 쓰고 싶다고
무조건 쓰는 게 아니라 참았다가 꼭 갖고 싶었던 것을 사는 데
돈을 사용했다는 즐거움을 느끼도록 하는 것이 좋습니다.

★ 아이에게 절약 정신과 금전에 대한 교육을 할 필요가 있습니다.
우리가 살아 가는 데 없어서는 안 될 꼭 필요한 것 중의 하나
가 돈이라는 것과 돈은 필요한 만큼 아껴 써야 한다는 것을
알게 하고, 무조건 갖고 싶은 것을 다 사 버리면 돈이 없어져
서 다음에는 쓸 수 없다는 것을 아이가 이해할 수 있도록 이
야기해 줍니다.
그러므로 갖고 싶은 것을 살 때는 꼭 그 물건을 구입해야 되
는지 잘 생각해 보고 결정할 수 있는 계획성을 길러 주는 것
이 필요합니다.

♠ TV를 많이 봐요

아이는 주변에 있는 환경을 그대로 흡수합니다.
옳고 그름을 따지고 가려서 모방하는 것이 아니라 있는 그대로
보여지는 그대로를 송두리째 받아들이는 것입니다.
부모의 행동도 마찬가지지만, 무엇보다도 아이에게 가장 많은 영

향을 주는 것은 TV가 아닐까 합니다. TV는 아이들이 쉽게 접할 수 없는 넓은 세계와 거기에 따르는 풍부한 지식을 갖도록 도와 주며, 다양한 장소와 물건, 또 세계 여러 나라 사람들이 살아 가는 모습과 방법을 관찰하면서 배우게 합니다. 또 어휘력 발달에도 도움을 주며 흥밋거리를 제공함으로써 아이의 긴장을 풀어 주기도 합니다.

그러나 이런 좋은 점 뒤에는 저해 요인도 함께 있다는 사실을 깊이 인식하고 그 문제점과 원인을 우리 부모들은 잘 알아야 합니다.

원인

★ 아이가 직접 실행하거나 경험할 수 없는 일들을 TV를 통해 간접적으로 즐길 수 있기 때문입니다.

아이는 살인, 폭력, 범죄 등이 잔인하고 나쁜 것인지 잘 알고 있고, 또 해서는 안 되는 행동이라는 것을 잘 알기 때문에 TV를 통해 과정이나 결과 등을 보면서 간접 경험을 하게 됩니다. 그러면서 한편 자기도 그것을 모방해 보고 싶다는 갈망도 하게 됩니다.

★ 아이는 어려운 일보다는 쉬운 일을 경험하고 싶어합니다.

운동을 하거나, 생각하거나, 실험해 보고, 창조해 보는 것보다는 무엇이든 쉽게 현상을 보여 주고 결론을 지어 주는 것이 편하다는 것입니다.

★ 어린이 만화나 상품 광고의 장면은 새로운 것에 흥미를 많이 갖는 아이의 심리에 맞게 빠르게 변화하고 새로운 장면으로 넘어갑니다. 이런 속도감이 아이의 시선을 TV에 멈추게 하는 요인 중의 하나입니다.

★ 어떤 문제나 상황에 처했을 때 힘들이지 않고 보다 쉽게 해결

방법을 찾으며 결론을 내려 주는 TV가 힘든 일을 싫어하는 요즘 아이들에게는 아주 좋은 여가 선용이 되고 있습니다.

부모님의 도움

★ 부모는 아이에게 다양한 TV 프로그램에 대해 이야기해 주어야 합니다.
아이에게 이것은 왜 좋은 프로이고, 저것은 어떤 이유에서 바람직하지 않은지를 아이가 이해할 수 있도록 충분히 설명해 주는 것입니다.

★ 부모도 관심을 가지고 아이의 프로를 함께 시청하면서 내용에 대해 이야기를 나누고 느낌을 주고받는 기회를 갖는 것이 좋습니다.
어떤 주제를 놓고 부모와 아이가 대화하는 것은 아이의 판단력을 기르는 데도 도움을 줍니다.

★ TV를 시청하는 시간이나 프로를 정해서 실천하도록 합니다.
또한 친구들과 밖에서 놀고 운동하면서 자연에서 볼 수 있는 것을 관찰하고 탐구하고 만들어 보는 시간을 갖는 것이 중요하다는 사실을 아이에게 이해시킵니다. TV는 매일 일정한 시간에 약속된 시간만큼 보도록 격려해 주는 것이 바람직합니다.

★ 아이가 오랫동안 TV를 보게 되면 현실 생활에 직접 참가하지 못하고 그저 화면을 통해 바라만 보는 상태이므로 방관적인 태도가 형성되기 쉽습니다.
이렇게 되면 아이는 능동적이고 적극적인 성격보다는 수동적인 성격을 갖게 되어 어떤 일에 부딪혔을 때 해결책을 찾으려는 의욕 또한 약해지게 마련입니다. 또 어떤 일을 노력해서 배워야 한다는 생각보다는 부모나 TV를 통해 해결 방법이 찾아지겠지 하는 의존심이 생기고 인내하는 힘 또한 길러지지 않습니다.

이런 성격이 형성되면 아이는 금방 만족할 만한 결과가 얻어질 가망성이 없는 활동 같은 것은 아예 포기하고 쉽게 느껴지지 않는 일은 애당초 하려 들지 않게 됩니다.

★ 아이가 TV를 시청하는 것은 부모가 어릴 때부터 조절해 주어야 합니다.

아이에게는 공부하라고 하고 어른들은 TV를 시청한다면 아이는 자신의 일에 집중을 하지 못하게 될뿐더러 TV에서 흘러나오는 소리에 귀를 기울이게 될 것입니다.

아이가 TV에만 매달리지 않는 생활 습관을 기르려면 어린이 프로가 끝난 다음에는 부모도 TV를 끈 상태에서 아이와 함께 책을 보거나 대화하는 시간을 가짐으로써 아이에게 다양한 경험을 할 수 있도록 배려하는 것이 필요합니다. 나아가 이런 습관이 아이의 몸에 배게 하여 일상 생활로 이어지게 도와야 합니다.

♠ 인내심이 없어요

아이들의 모습은 실로 다양합니다.

자기가 선택한 일을 계속해서 끝을 맺는 아이가 있는가 하면 잠깐만 자리에 앉아 있어도 온몸을 흔들며 싫증을 내는 아이가 있습니다. 한 가지 일을 오래 계속하지 못하고, 무엇을 하든지 끝을 맺지 못하며, 싫증을 금방 내고, 힘들고 재미없는 것은 조금도 참지 못하고 노력하지 않는 아이는 인내심이 없는 아이라 할 수 있습니다.

유아기에 참는 것을 배우지 못하면 어른이 되어서도 무엇이든 쉽게 포기해 버리고 노력하지 않는 사람이 되기 쉽습니다.

그러므로 인내심은 유아기 때부터 철저하게 배워야 합니다.

원인

★ 아이는 대개 어떤 일이든 스스로 하고 싶어하고 끝까지 하려고 합니다.

그러나 아이의 이런 본능은 아이가 성장해 감에 따라 부모에 의해 망가지는 것이 사실입니다. 부모가 어릴 때부터 어떤 교육을 했는지가 아이의 인내심을 결정한다고 해도 과언이 아닙니다. 부모의 눈에는 너무나 나약하고 어리게만 보이는 자녀이기에 부모는 사랑의 표현으로 아이가 해야 하고 하려는 일을 대신 해 주는 경우를 많이 볼 수 있습니다.

예를 들어 어린아이가 병뚜껑을 병에 맞춘다든지 할 때 근육이 제대로 발달되지 않아 나름대로 열심히 집중해서 맞춘다 하더라도 실패하는 것을 쉽게 볼 수 있습니다. 이 때 맞추었다 실패하고 또 맞춰 보고 하는 모습이 애처로워 부모가 대신 얼른 해 주는 경우가 많습니다. 이것은 과잉 정성입니다.

아이에게는 끝까지 완성해 보는 기회가 필요합니다.

★ 아이에게 조금만 어려운 일이 생겨도 부모가 나서서 다 해 주고 도와 주어 왔기 때문에 아이는 인내할 필요가 없습니다. 가만히 있어도 모든 일이 생각대로 되고 별 어려움이 없기 때문입니다.

★ 부모 자신이 인내하는 생활 모습을 보여 주어야 합니다. 그렇
지 못하고 안절부절 못하거나 이것 저것에 관심을 기울이면
아이도 그렇게 되기 쉽습니다.

또 무조건 아이에게 새롭고 흥미로운 물건을 많이 사다 주고
는 방심해 버리면 아이도 쉬운 일만을 찾게 됩니다.

★ 아이는 자기가 선택한 일에 대해서는 집중을 잘 합니다.

그런데 부모의 입장에서 아이가 선택한 일이 마음에 들지 않
는다고 못하게 한다면, 아이의 인내심이 없어지고 뭔가를 해
보려는 의욕도 없어지게 됩니다. 아이는 자기가 흥미 있는 일
을 선택해서 집중하고 시간 가는 줄 모르고 탐구하거나 놀 때
인내심이 길러집니다.

★ 몸이 허약하거나 TV를 많이 보는 아이는 인내심을 키우기가
어렵습니다.

특히 TV는 어려움을 극복하는 경험을 제공하지 못하고 TV 화
면을 통해 무엇이나 너무 쉽게 이루어지는 것만 보여 주므로
아이는 어려운 일은 쉽게 포기하게 되는 것입니다.

부모님의 도움

★ 아이가 어떤 일을 하건 그 일을 스스로 할 수 있는 기회를 주
어야 합니다.

또한 자신이 선택한 일에 대해서는 자기가 끝까지 마무리지
을 수 있도록 책임감을 부여하고 부모가 필요 이상의 도움을
주지 않도록 합니다.

★ 인내하는 것은 쉬운 일을 반복해서 생기는 것이 아니라 어떤
일에 대해 계속 생각하고 연구하는 힘을 가져야 생기는 것입

니다. 무엇인가를 알아내려고 생각하고 연구하면서 인내하는 즐거움을 갖게 되는 것입니다.

이 때 없어서는 안 될 것이 아이에 대한 부모의 격려입니다.

★ 아이가 흥미를 보이는 일이 있으면 매일 계속해서 하도록 합니다. 그러나 그 일을 하기 전에 부모는 아이와 약속을 해야 합니다.

"누구나 어떤 일을 할 때는 싫증도 나고 귀찮다는 생각에 도중에 하기 싫을 때도 있다. 그러나 그런 마음을 참고 한번 하기로 한 것은 꼭 끝까지 해야 한다."라고 약속하고 아이가 반드시 지키도록 합니다.

★ 아이의 생각과 주장을 존중해 주어야 합니다.

아이의 생각이라고 하찮은 것이라고 판단하기보다는 진지한 모습으로 관심을 보여야 합니다. 아이의 주장을 부모라는 권위로 무시할 것이 아니라 아이의 힘과 의지를 키워 주는 것이 필요합니다.

인내심은 이런 아이의 정신적인 힘에 찾아오는 것이며, 이런 과정을 통해 자신감 또한 갖게 되는 것입니다. 부모는 아이의 고집과 주장을 잘 구별하고 바른 성장을 위해서 따뜻하게 감싸 줄 수 있는 마음을 가져야 합니다.

★ 부모는 아이의 건강을 잘 지켜 주어야 합니다. 허약해서는 어떤 의욕도 생길 수 없습니다.

♠ 무서움이 많아요

무서움은 무엇엔가 불안과 위험을 느꼈을 때 나타나며 무슨 일이 생기지 않을까 염려하는 정신적인 허약함에서 비롯됩니다.

어떤 일에 불안을 느끼고 자신이 위축될 때 무서움은 더 많이 찾아오며 이런 정신적인 나약함이 심할 때는 아이의 소질도 능력도 충분히 발휘될 수 없습니다. 용기 또한 갖지 못하고 매사에 자신이 없으며 새로운 것에 대한 탐구나 모험심까지도 앗아 가고 맙니다.

무서움은 예기치 않은 일을 경험하여 놀랐거나 위험한 경험을 했을 때 아이에게 찾아오며, 아이의 건전하고 건강한 성장에 방해가 됩니다.

원인

★ 어른들은 흔히 아이가 말을 잘 듣지 않거나 울 때 "호랑이 온다.", "야옹이 온다." 등으로 위협해서 아이에게 겁을 줍니다. 이럴 때 아이는 부모를 신뢰하는 마음이 없어지면서 공포심을 갖게 되는 것입니다.

★ 부모가 아이를 지나치게 과잉 보호했을 때 아이는 의존적이 됩니다.
부모의 보호와 사랑을 차지하지 못할까 염려되어 눈치를 보게 되며 부모의 행동에 불안을 느끼게 되는 것입니다.
이 때 부모가 다른 사람과 조금만 가까이 지내도 아이는 강한 불안을 느끼게 됩니다. 이런 불안은 이내 무서움으로 진행됩니다.

★ 위축되고 자신감 없고 소심한 아이는 무서움을 많이 느낍니다.

이것은 애정이 결핍되거나 지나치게 엄격한 가정 교육을 받
고 자라서 충분한 사랑과 인정을 경험하지 못한 때문입니다.
이 때 아이는 세상에 자기 혼자만 남은 듯한 공허함으로 자신
감이 없어져 어떤 일에 부딪히더라도 두렵고 무섭게만 느끼게
됩니다.

★ 어릴 때 무서운 동화나 이야기 등을 많이 듣고 자란 아이도 무
서움이 많습니다.
'비 내리는 밤에 나타난 귀신' 이라든지 사람을 잡아먹는 동물
이라든지, 도깨비, 공동 묘지의 죽은 사람 등 무서운 이야기
를 많이 듣게 되면 아이는 그 이야기를 상상하면서 그 일이
자기 앞에서도 일어날 것 같은 불안감에 떨게 되는 것입니다.

부모님의 도움

★ 아이의 심신이 건강해지도록 부모는 노력해야 합니다.
항상 아이에게 자신감을 키워 주고 건강한 생각을 가지게 함
으로써 필요 이상의 상상을 하지 않고 건전하고 밝은 생각을
하도록 해야 합니다.

★ 부모는 어떤 일에서나 침착해야 하고 당황하지 말아야 합니다.
아이의 무서움을 없애 주려면 부모가 먼저 무서움을 갖지 말
아야 하며 아이를 잘 이해시키고 편안하게 감싸 줄 수 있어야
합니다. 조그만 일에도 부모가 흥분하고 두려워하면 아이는
그 이상의 공포심을 갖게 마련입니다.

★ 아이가 자신감을 갖도록 해야 합니다.
아이에게 있어 부모의 과잉 보호는 아주 좋지 않습니다. 과잉
보호는 아이가 맘껏 성장할 수 있는 힘을 부모가 무참히 잘라

버리는 행위에 다름아닙니다.

자녀가 정말 행복하고 자신감 있게 세상을 살기 원한다면 절대 과잉 보호를 해서는 안 되며 독립시켜야 합니다. 그 속에서 부모의 격려와 사랑으로 아이가 자신감을 가질 수 있도록 도와 주어야 하는 것입니다.

★ 가정이 불안해서 따뜻함을 느낄 수 없다면 아이는 항상 두려움에 떨게 됩니다.

어머니와 아버지가 만났다 하면 싸우고, 집어 던지고, 부수고 한다면 아이는 정서 불안으로 공포심을 가질 수밖에 없습니다. 부모는 항상 웃고 다정한 모습을 아이에게 보여 주어야 합니다. 싸움이 필요할 때는 아이가 보이지 않는 곳에서 해야 합니다. 왜냐하면 부모의 싸움은 아이에게 너무도 큰 무서움을 주기 때문입니다.

★ 사람을 사랑하는 마음을 길러 주어야 합니다.

모든 사람은 소중하고 사랑을 나누기 좋아하며 모두가 좋은 친구가 될 수 있다는 것을 느끼도록 해야 합니다. 부모는 아이를 따뜻하게 안아 주고 모든 가족과 사람들이 '너를 사랑한다'는 것을 느끼게 해야 합니다.

이런 긍정적인 의식이 아이에게 심어질 때 아이는 자기가 살아 가는 세상이 좋고 아름답고 정말 편안한 곳이라는 안정감을 가질 수 있습니다. 아이의 조그만 행동에도 부모가 구체적으로 칭찬하면서 행복을 심어 주는 것도 좋은 방법입니다.

♠ 난폭해요

　말로써 충분히 자기 의사를 표현할 수 있는 나이인데도 자기의
생각대로 뭔가가 이루어지지 않거나 하고 싶은 것을 못하게 하면
난폭한 행동을 하는 아이가 있습니다.
　남의 이야기를 듣기보다는 솟구치는 감정을 그대로 행동으로 표
현하고 어떤 문제든지 폭력으로 해결하려는 아이가 있는 것입니다.
　이런 아이는 남에게 피해를 주는 행동을 하기 때문에 대부분의
사람들이 싫어하고 또 소외를 당함으로써 더 난폭해지는 특징이 있
습니다.

원인

★ 심한 욕구 불만을 가지고 있으나 그 욕구를 해소할 방법을 찾
　지 못해 난폭한 행동을 하는 경우를 볼 수 있습니다.
　난폭한 행동은 주위 사람의 관심을 끌기 위해 행해지기도 하
　고 자기의 요구를 만족시키기 위한 수단으로 사용하는 경우
　도 있습니다.
　난폭하게 행동하는 원인은 다양합니다. 갑자기 태어난 동생
　에게 부모의 사랑을 빼앗겼다는 생각이 들거나, 또 부모가 자
　기를 인정해 주지 않을 때 일어날 수 있습니다.
★ 아이에게 열등감을 갖게 해서는 안 됩니다.
　부모나 다른 식구들이 대화하는 중에 아이의 자존심을 건드
　리는 말을 아주 쉽게 내뱉는 경우를 볼 수 있습니다. 말을 하
　는 사람은 아무런 뜻 없이 했다 해도 아이는 자기의 단점을
　들음으로써 심한 열등감을 갖게 됩니다. 이 때 아이는 다른

어떤 행동으로도 월등함을 느낄 수 없기 때문에 가장 쉬운 폭력의 형태를 취하게 되는 것입니다.

★ 부모의 잦은 싸움이 아이의 불만을 가중시키고 여기에서 오는 불신감이 아이의 난폭한 행동으로 나타나는 경우도 있습니다. 특히 부모가 가정에서 폭력을 휘두르는 모습을 아이에게 보여 주면 아이는 그것을 본받게 됩니다.

부모님의 도움

★ 아이의 문제 행동은 대부분 부모의 사랑 부족에서 오는 것입니다. 또 부모는 자녀에게 충분한 사랑을 주었다 하더라도 아이가 그것을 느끼지 못한다면 자신은 사랑받지 못하는 쓸모없는 인간이란 생각을 하게 되고, 그로 인해 난폭한 행동을 하게 되는 것입니다. 이런 난폭한 행동을 했을 때 부모가 야단을 치게 되면 아이는 부모로부터 버림받았다는 생각을 하게 됩니다.

이럴 때는 무엇보다 아이를 사랑하고 있다는 꾸준한 애정 표현이 절실하고 꼭 필요합니다.

★ 아이가 부모의 관심이나 주의를 끌기 위해 난폭한 행동을 하는 경우도 있습니다.

이 때 아이에게 꾸중을 하거나 벌을 주게 되면 부모의 관심을 얻었다고 생각한 아이는 그런 행동을 계속하는 수가 있습니다. 그러므로 부모는 아이가 그런 행동을 하게 된 원인을 잘 알아야 합니다.

★ 아이는 기본적으로 부모로부터 인정과 칭찬, 그리고 사랑과 관심을 받고 싶은 욕구를 가지고 있습니다.

아이가 나쁜 행동을 했을 때 그 때마다 꾸짖기보다는 때로는 모르는 척 넘어가는 것도 좋은 방법입니다. 대신 좋은 행동을 했을 때는 아낌없이 칭찬을 흠뻑 해 주고 인정해 줍니다.

★ 부모들은 아이의 적성이나 특기 등 다양한 장점을 보기보다는 오로지 공부를 얼마만큼 하느냐에 따라 사랑을 분배하기도 합니다.

유아기의 아이까지도 학습지를 통한 글자 공부, 셈하기 등의 결과로 잔소리를 하고, 아이의 성적이 좋으면 세상을 다 얻은 듯한 기쁨으로 안아 주고 뽀뽀해 주고 업어 주는 등 자제력을 잃은 듯한 애정 표현을 하는 것을 볼 수 있습니다.

아이는 이런 부모의 일관성 없는 모습에서 불신과 열등감을 느끼게 됩니다. 모든 아이에게는 저마다 장점이 있다는 것을 인식하고 자신감을 키워 주는 것이 반드시 필요합니다.

★ 좋은 친구들과 함께 놀 수 있는 기회와 친구를 사귈 수 있는 자리를 마련해 주어야 합니다.

방안에서만 노는 것보다는 또래와의 관계에서 이루어지는 사회성이 아이의 마음을 평화롭게 하는 데 도움이 되기 때문입니다.

♠ 싸움을 잘해요

아이들이 모여 있는 곳에서 쉽게 볼 수 있는 것이 바로 아이들끼리의 싸움입니다. 형제간이나 친구들 사이에 거의 쉬임 없이 싸움을 합니다. 그리고는 곧 친하게 지냅니다.

지나치게 자주 싸움을 하거나 잔인하게 남을 해치는 말이나
행동을 할 때는 문제가 되지만, 그렇지 않을 경우 아이들의
싸움은 성장 과정의 한 부분이라 할 수 있습니다.

원인

★ 아이의 가정 생활에서 부모가 아이에 대해 거부적인 태도, 즉
아이를 무시한다든지 다른 형제나 친구들과 비교한다든지 벌
을 주고 잔소리를 많이 하게 되면 아이는 부모를 불신하게 되
고 마음의 상처를 받으며 심한 불안감에 사로잡히게 됩니다.
아이에게 있어 그가 전적으로 의존하고 있는 부모의 신뢰를 받
지 못하는 것보다 가슴 아픈 일은 없습니다. 이런 요인으로 인
한 상처와 불신이 여러 가지 문제 행동을 일으키는 것입니다.
★ 부모의 간섭이나 명령, 강제, 금지 등이 많으면 많을수록 아이
는 공격적인 행동을 많이 하게 됩니다.
부모가 엄격하게 대하는 아이는 무의식적으로 복수하려고 합
니다. 공격의 대상은 부모만이 아닌 주위에 있는 모든 사람이
며 사회 생활에서도 친구를 방해하는 등 난폭해집니다.
★ 아이는 어른의 감정 변화에 대단히 민감하며 누가 더 많이 사
랑받고 있는가를 주의 깊게 관찰합니다.
형제간에도 불공평한 취급을 받게 되면 공격적이 되기 쉽습
니다. 자기보다 칭찬을 많이 받는 형제에 대한 질투심으로 공
격적인 행동을 하는 것입니다.
★ 사회성이 발달하지 못한 아이는 다른 또래나 형제와의 싸움이
잦습니다.
이것은 다른 사람의 입장을 이해하지 못할뿐더러 서로 양보

하고 협조해서 놀 줄 모르고 무엇이나 제 마음대로 하려고 하기 때문에 일어나는 행동입니다.
★ 자기 주장이 강하면 의견 충돌이 일어나기 쉽습니다. 그러나 이것을 나쁘다고만 할 수는 없습니다.
왜냐하면 아이가 자유롭게 행동하고 자주성이 발달되어 있으면 자기 주장이 강해지기 때문입니다. 싸움을 할 줄 모르는 아이는 자기 주장을 하지 못할 정도로 자주성이 발달되어 있지 않습니다. 유아기의 아이는 자기 표현을 충분히 해야 합니다.

부모님의 도움

★ 아이들의 싸움을 너무 크게 생각하지 않고 지켜볼 줄 알아야 하며 지나치게 위험한 싸움이 아닐 때는 아이 스스로 해결하도록 내버려 두는 것이 좋습니다.
사회성이 충분히 발달되지 않은 아이의 싸움에 어른들이 너무 관여할 필요는 없으나 아이가 위험한 행동, 즉 위험한 물건을 집어 던지거나 하는 행동을 할 때는 단호하고 엄격하게 다스려야 합니다.
★ 아이의 마음속에 있는 외로움, 공허감, 욕구 불만을 해소시켜 주어야 합니다.
그러기 위해서는 아이를 남과 비교하지 말고 장점을 발견해서 칭찬을 해 주는 것이 좋습니다. 올바르고 흡족하게 사랑해 주어서 아이 스스로 행복을 느끼게 하는 것이 제일 좋은 방법입니다.
★ 언제나 친구에게 두들겨 맞고 울면서 돌아오는 아이도 있습니다.

다른 아이를 먼저 때리는 것은 나쁘다고 가르쳐야 하지만 자기 방어도 할 줄 알게 해야 합니다. 무방비 상태에 있는 아이에게 잔인하게 구는 아이도 있습니다. 즉 상대방이 약해서 진다는 것을 알면 마구 때리는 아이들이 그런 경우입니다. 그럴 때는 이쪽에서도 때려 주어야 합니다.

★ 아이에게 좋은 친구들을 만들어 주어 또래 집단에서 즐겁게 생활할 수 있도록 해 줍니다. 만약 약한 아이가 억울하게 조롱을 받거나 매를 맞을 때는 약자의 편이 되어서 싸워 주는 의협심도 길러 주어야 합니다.

★ 아이에게는 힘이 있으며 대근육 발달에 의한 정열 또한 강하게 나타납니다.
아이에게 바깥 놀이를 시켜 그 힘을 발산하게 하면 침착한 아이로 변화될 수 있습니다.

♠ 잘 울어요

신생아의 울음은 자기의 표현력입니다. 또한 말을 잘 못하는 아이는 울음으로밖에 자기의 요구를 표시할 수 없습니다.

그러다가 자기의 요구를 말로 표시할 줄 알게 되는 3세쯤 되면 잘 울지 않게 됩니다.

그러나 커서도 잘 우는 아이는 문제가 있습니다. 조그마한 일도 울음으로 해결하려 하고 어떤 일에 부딪치면 해결해 보려는 용기보다는 울음으로 두려움을 나타내는 것입니다.

잘 우는 아이는 정서적인 문제를 갖고 있다고 할 수 있습니다.

원인

★ 아이가 부모에게 무엇을 요구했을 때 거절당하면 보통 울기
시작합니다.
이 때 부모가 안타까운 마음에서 아이의 요구를 들어 준다면,
아이는 어떤 일이나 울음으로 자신의 요구를 관철시키려는
생각을 갖게 되어 자기의 요구를 들어 줄 때까지 큰 소리로
울게 됩니다.

★ 몸이 허약하거나 감수성이 예민한 아이, 또 신경이 과민한 아
이가 잘 웁니다.
부모가 아이에게 무관심할 때 아이는 관심을 끌기 위해 울기
도 합니다. 또 꾸중을 들을 때 울음을 보이면 용서받을 수 있
다는 방어 행위로 우는 경우도 있습니다.

★ 부모의 과보호를 받고 자랐거나 응석받이로 자란 아이는 자신
감이 없고 다른 사람에게 기대고 싶은 마음에서 어떤 일이 닥
치면 무조건 우는 경우가 있습니다.
이런 아이는 정서적으로 성숙하지 못한 경우입니다.

부모님의 도움

★ 아이가 울 때 그 요구를 들어 주기보다 울지 않고 예의 바른
태도로 무엇을 요청했을 때나 성숙한 태도를 보였을 때 기뻐
하며 칭찬해 주고 그 요구를 들어 주는 것이 좋습니다.
울고 화를 냈을 때는 그 요구를 들어 주지 않음으로써 아이
스스로 아무리 울어도 소용이 없다는 것을 느끼고 다시 그런
방법을 사용하지 않도록 해야 합니다.

★ 아이가 울 때는 때리거나 관심을 표시하지 않고 그대로 무관

심하게 두는 것도 좋은 방법입니다.

아이는 관심을 끌기 위해 행동을 계속하기 때문에 아이의 행동에 부모가 애처로워하며 관심을 표한다면 아이의 좋지 못한 행동은 계속되게 마련입니다.

그러나 만일 아이가 아프거나 슬프거나 정말 누군가에게 억울한 일을 당해서 운다면, 부모는 따뜻하게 위로해 주어야 합니다.

★ 부모가 먼저 성숙한 사람이 되도록 노력해야 하며, 의지력이 강한 아이로 성장하도록 도와 주어야 합니다.

몸이 약하거나 감정이 예민하다 해서 울 때마다 안아 주고 달래 주고 뜻대로 해 주면 아이는 자기 힘으로 일을 해결해 보려는 용기보다 부모의 도움으로 성취하려는 나약함을 갖게 됩니다.

또 아이의 기본적인 욕구를 충분히 만족시켜 주어서 행복을 느끼게 하고 정서적으로 성숙한 인격을 형성할 수 있도록 도와 주어야 합니다.

★ 부모의 역할이 참으로 중요합니다. 잘 운다고 속상해 하거나 "왜 바보같이 매일 울기만 하느냐?"고 꾸중을 하기보다는 매사에 자신감과 책임감을 가지고 자랄 수 있도록 도와 주어야 합니다.

지나치게 엄격한 부모도, 과잉 보호하는 부모도 아이의 성장을 도와 주기보다는 퇴보시키는 역효과를 낳는다는 것을 명심해야 합니다. 정서적으로 안정되게 하여 아이 스스로 자기 일은 자기가 노력해서 성취해 보는 의욕과 사랑을 갖도록 해 주어야 합니다.

♠ 자기 마음대로 하려고 해요

아이는 철저하게 자기 중심적입니다. 남을 생각하고 배려하는 마음보다는 자기 자신을 먼저 생각하는 경향이 있습니다.

자기가 원하는 욕구가 채워져야 남의 욕구를 만족시켜 줄 수 있기 때문에 자기 중심적이 되는 것입니다. 하지만 친구와의 관계나 싸움 등을 통해 다른 사람의 생각과 주장도 있다는 것을 알게 되면서 남을 이해하게 되고 남의 입장도 생각해 주는 융통성을 갖게 됩니다.

그러나 이런 시기를 지나서도 자기만을 생각하고 자기 마음대로 하려는 아이는 문제가 있다고 할 수 있습니다.

원인

★ 부모의 지나친 사랑이나 과보호를 받고 자란 아이, 또는 어릴 때부터 원하는 것이면 무엇이든 다 받아들여 주고 자기 고집대로 해 온 아이의 경우입니다.

특히 응석받이로 자란 아이는 가족들의 사랑을 독점하여 자기가 원하는 것은 뭐든 쉽게 가지고 차지해 왔기 때문에 남을 생각하기보다는 자기 자신만 아는 사람이 되기 쉽습니다.

★ 다른 사람을 존중하는 마음에서 기다릴 줄 알고 참을 줄 알고 도와 줄 줄 알고 남에게 베풀 줄 아는 것을 모르고 자란 아이일 때 독선적이고 자기 것만 찾고 생각하는 아이가 됩니다.

부모가 나이가 많은 경우나 형제가 없는 아이, 조부모와 함께 생활하는 가정에서 많이 볼 수 있는 아이의 성격입니다.

★ 아이가 신체적으로 허약하여 보호가 필요할 때 부모는 아이가

애처로운 나머지 과보호를 하거나 지나친 사랑을 하게 됩니다. 이렇게 되면 아이는 무슨 일이든 자기 마음대로 하려 하고 부모는 책임감이나 독립심을 길러 주기보다는 아이가 요구하는 대로 끌려 다니는 경향이 많습니다.

부모님의 도움

★ 아이의 능력은 무한합니다. 아이에게는 어른들이 생각하는 것보다 훨씬 놀라운 힘이 있습니다.
  부모는 아이의 내면에 있는 힘을 기를 수 있는 환경과 여유를 주어야 합니다. 즉 아이 스스로 할 수 있는 일은 절대 대신해 주지 말아야 합니다. 아이 스스로 할 수 있도록 지켜보고 아이가 성취했을 때는 칭찬을 아끼지 말아야 합니다.
★ 흔히 부모들은 아이가 물건을 만질 때 위험하다며 빼앗기 일쑤입니다.
  하지만 이런 방법보다는 물건을 다루는 방법을 보여 주어서 아이가 경험하도록 하는 것이 바람직합니다. 아이의 성장 과정에 맞추어 아이를 하나의 인격체로 대해야 하며 애기 취급을 하는 것은 바람직하지 않습니다.
★ 부모는 항상 일관성 있게 자녀를 교육해야 합니다.
  아이의 행동이 정말 잘못된 것이라면 엄격하면서도 단호하게 꾸짖고 바람직한 일일 때는 관심을 보이고 칭찬해 주는 것이 아이에게 자신감과 긍정적인 자아 개념을 심어 주는 길입니다.
★ 아이에게 사람은 누구나 자기가 하고 싶은 것, 갖고 싶은 것을 다 충족시키며 살 수 없다는 것을 가르쳐 주어야 합니다.
  참고 기다릴 줄도 알고 이해할 줄도 알며 내가 생각하는 대로 되지 않는 일도 있다는 것을 가끔씩은 경험하도록 해야 합니다.
★ 친구들과 놀 수 있는 기회를 주어 공동 생활, 집단 생활을 경험하게 하고 양보와 이해가 필요하다는 것을 스스로 느낄 수 있도록 하여 사회성을 기르게 해야 할 것입니다.
★ 충분한 사랑과 훈육으로 삶을 잘 살아 갈 수 있는 준비를 아이에게 해 주어야 합니다.
귀한 자녀일수록 더욱 필요한 것이 바로 사랑과 독립심입니다. 과보호는 절대 하지 말아야 합니다.

♠ 신경질적이에요

신경질은 자신의 삶뿐 아니라 주위 사람들의 생활에도 불안을 가져다 줍니다.

또 신경질적인 아이는 작은 일에도 마음의 상처를 쉽게 받으며 사소한 일에도 예민하게 반응하고 화를 잘 내며 울기도 잘 합니다.

신경질을 심하게 부리는 가족이 있을 때는 그 가정의 분위기 역시 편안하지가 못합니다.

원인
★ 신체적으로 허약한 아이나 어떤 일에도 불만이 많은 아이일 경우에 나타납니다.
★ 아이의 행동에 부모가 지나치게 참견하고 간섭을 할 때 아이는 자기가 하고 싶은 일을 해서 욕구를 충족시키기보다는 부모의 뜻에 따라 자신이 원하지 않는 일을 하게 됩니다. 이럴

때 아이는 부정적인 사고를 키우게 되고 또한 신경질적인 성격이 됩니다.

★ 무엇보다 부모 자신이 신경질적인 경우에 아이도 신경질적이 되기 쉽습니다. 지나친 과잉 보호나 무관심 속에서 생활하는 아이에게도 나타나며, 특히 독립심이 없는 아이에게서 많이 나타납니다.

부모님의 도움

★ 아이에 대해 지나치게 고민하고 관심을 쏟는 부모나, 아이의 행동 하나하나에도 간섭과 참견이 많은 부모는 먼저 자신의 행동과 생각을 고쳐야 합니다.
부모는 아이의 성장 발달 과정에 따라 따뜻하고 편안한 마음으로 생활할 수 있는 환경을 마련해 주어야 합니다.

★ 가정 분위기를 밝고 자유롭게 만들어 주어야 합니다. 아이의 조그마한 잘못에도 심하게 꾸짖거나 절망적인 언어를 사용하는 것을 삼가고, 언제나 긍정적인 태도와 언어로 사랑을 보여 주어야 합니다. 아이가 자신의 가정과 가족을 이 세상에서 가장 편안한 마음으로 대하고 느끼게끔 해야 합니다.

★ 부모가 신경질적이지 않아야 하며 변함없이 온화한 모습과 다정한 말씨로 아이를 감싸 주어야 합니다. 부모의 말이 아이에게 희망과 격려가 될 수 있어야 합니다.

★ 아이가 할 수 있는 일은 충분히 경험하도록 하고 거기에 따르는 책임을 지도록 해 독립심을 길러 줍니다. 또한 어떤 일에 있어서나 실수할 수도 있다는 것을 아이가 느낄 수 있게 해 줍니다.

★ 신경질적인 아이라고 해서 가정에서 모든 일을 부모가 대신
해 주어 신경질적인 성격을 고쳐야겠다는 생각은 잘못입니다.
신경질적인 아이에게 다양한 놀이를 경험하게 하고 또래와의
집단 생활에서 자유롭게 행동해 보며 잘못한 일도 때로는 용
납된다는 것을 경험할 수 있는 기회를 주는 것이 좋습니다.
이런 과정을 통해 아이는 조금씩 여유를 갖게 되는 것입니다.
예민하고 불안하며 자신감 없는 다급한 불안감이 점차 사라
지면서 신경질도 조금씩 줄어들게 될 것입니다.

♠ 용기가 없어요

자신감이 없는 아이도 있습니다. 어떤 질문을 하더라도 "나는 몰
라요.", "나는 못해요."라는 말을 먼저 하는 아이를 종종 볼 수 있습
니다.

새로운 물건이나 놀잇감을 보았을 때 호기심을 갖고 접근해서
갖고 놀기보다는 부모를 먼저 찾는 아이들입니다. 이런 아이들은
어떻게 하는지 좀 해 봐 달라는 용기 없는 태도를 보입니다. 어떤
일에 부딪쳐서 경험하기보다 먼저 도피하려는 태도를 보이는 것입
니다.

원인
★ 아이가 놀이나 여러 가지 일을 경험하면서 실패보다는 성취감
을 많이 느낄 수 있도록 해야 합니다. 어릴 때부터 실수나 실
패를 많이 경험한 아이는 열등감을 갖게 되어 어떤 일을 해

보기도 전에 '할 수 없다'라는 위축감을 먼저 가지게 됩니다.

★ 억압과 꾸중을 많이 받고 자란 아이도 항상 위축된 모습과 소심한 태도로 자신감을 갖지 못하고 새로운 일에도 흥미를 갖지 못하며 용기를 갖지 못합니다.

★ 책임감이 없고 어떤 일에나 부정적이고 불평이 많으며 협동심이 없는 아이나, 겁이 많고 조그만 일에도 걱정이 많은 아이에게서 많이 나타납니다.

★ 충분한 사랑을 받지 못하고 어렵고 힘겨운 일과 사회의 어두운 면을 많이 보고 성장한 아이에게서도 용기를 찾아보기가 힘듭니다.

★ 부모의 잔소리로 인해 매사에 의욕이 없는 아이와 과보호로 자립심이 없는 아이도 마찬가지입니다.

부모님의 도움

★ 긍정적인 삶의 모습을 보여 주어야 합니다. 웃는 모습과 표정, 긍정적인 생각과 칭찬, 남을 비판하기보다는 격려해 줄 수 있는 마음 자세를 가져야 합니다. 자신을 사랑하고 인정해 주는 사람이 많다는 것을 아이가 느낄 수 있어야 합니다.

★ 놀잇감이나 생활에서 실패보다는 성공을 더 많이 경험할 수 있도록 도와 주어야 합니다. 또 어릴 때부터 아이가 할 수 있는 일은 스스로 하게 하여 독립심과 자립심, 자신감을 기를 수 있도록 해야 합니다.

★ 부모와 함께 모험을 해 보는 것도 좋은 방법입니다. 여행이나 등산, 운동 등을 통해서 아이가 즐거워하며 노력해 힘을 기르는 것이 좋습니다. 아이의 잠재 능력은 이런 기회를 통해 무

한히 커 나갈 수 있습니다.

★ 기본적인 생활 습관부터 아이가 잘 지켜 나갈 수 있도록 하는 것이 아이의 안정된 정서와 자신감, 다른 사람에 대한 사랑을 키울 수 있는 길입니다. 이런 과정을 통해 아이는 세상을 보다 아름답게 보게 되고 용기 또한 생기게 되는 것입니다.

★ 아이에게 자신의 생각을 표현할 수 있는 기회를 많이 주고 아이가 질문하거나 어떤 표현을 했을 때는 적극적으로 관심을 보여 주는 것이 좋습니다. 또 친구와 다투거나 토라졌을 때 어른들이 문제 해결을 해 주는 것보다 아이가 문제 해결 방법을 찾아서 실행하게 하는 것이 바람직합니다. 또래와 함께 지내는 경험뿐만 아니라 나이가 많은 아이들, 나이가 적은 아이들과도 함께 지내 보는 경험을 할 수 있도록 배려합니다.

★ 어떤 일이 옳고 바른 것인지 판단할 수 있는 능력을 길러 주는 것이 바람직합니다.

♠ 의욕이 없어요

아이들을 보면 표정이나 행동이 무척 다양함을 알 수 있습니다.

즉 어떤 일이든 호기심을 보이며 적극적인 관심을 나타내는 아이가 있는가 하면, 반대로 모든 일에 관심도 없고 의욕도 없는 아이가 있습니다.

이런 아이는 어떤 새로운 것에도 흥미가 없고 용기 또한 없으므로 자기 능력이나 소질을 충분히 발휘할 수가 없습니다. 알고 싶어 하는 욕구와 하려고 하는 의욕이 아이들에게 잠재해 있을 때 그 아이는 성공적인 삶을 살 수 있습니다.

원인

★ 아이의 정서가 안정되어 있지 못할 때 의욕 또한 없어집니다.
안정적인 아이는 매사에 적극적이고 새로운 것에 대한 호기
심으로 끊임없이 관찰하고 무엇이든 하려는 의욕을 갖지만,
그렇지 못한 아이는 모든 것을 귀찮아합니다.
아이의 이런 안정감은 부모가 아이에게 사랑과 정성을 쏟으
면서 아이에게 신뢰감을 줄 때 생깁니다. 그런데 부모가 아이
를 거부하거나 학대하거나 불신하게 되면 아이는 부모에 대
한 분노와 함께 자신감 역시 갖지 못하게 됩니다.

★ 아이에게 보여지는 세상은 아름다워야 합니다. 부모의 사랑과
존중과 믿음이 아이로 하여금 모든 현상에 대해 질문하게 합
니다. 이런 아이의 질문에 만족할 만한 해결 방법이 주어지면
아이의 의욕은 살아나게 됩니다.

★ 긍정적인 자아 개념을 가질 수 있어야 하는데, 만일 성취감과
성공보다 실패를 더 많이 경험한 아이는 의욕이 없어질 수밖
에 없습니다.

★ 희망과 꿈을 갖도록 도와 주는 것이 아이의 의욕을 강하게 하
는 길입니다.

부모님의 도움

★ 아이의 능력과 수준에 맞는 놀잇감 등을 준비하여 아이 스스
로 경험해 보고 성취감을 맛볼 수 있는 기회를 많이 주어야
합니다. 이 때 부모는 칭찬과 격려를 아끼지 말아야 합니다.

★ 화목하고 사랑이 가득한 가정 분위기로 아이가 기쁨과 행복을 느낄 수 있어야 합니다. 아이의 흥미와 관심이 어디에 있는지를 주의 깊게 관찰하여 다양한 경험을 할 수 있도록 도와 주고, 부모가 아이에게 심한 잔소리나 핀잔으로 자신감을 잃게 하기보다는 잘할 수 있다는 용기를 심어 주어야 합니다.

★ 폭넓은 생활을 많이 경험할 수 있도록 도와 주어야 합니다. 다양한 놀잇감을 가지고 많이 놀아 보게 하고 놀이터 등에 자주 나가게 해서 자연의 현상이나 동물, 식물 등을 관찰해 봄으로써 배울 수 있는 기회를 주는 것이 좋습니다. 또한 재미 있는 이야기나 여행 등을 통해 그때 그때 일어나는 궁금증에 대해 여러 가지 지식을 얻을 수 있도록 합니다.

★ 아이의 마음에 사랑을 심어 주어야 합니다. '나 혼자만 해야지.' 하는 생각보다는 남을 배려할 줄 아는 마음을 가지도록 합니다. 남을 이해할 줄도 알고 도와 줄 줄도 알며 남을 사랑하고 사랑받을 수 있는 아이로 자랄 수 있도록 도와 주어야 합니다. 이런 아이는 자신감과 용기를 갖고 무슨 일이든 도전해 보려는 의욕을 가지게 마련입니다.

★ 아이가 표현력, 집중력, 발표력, 자신감, 독립심을 가질 수 있도록 도와 줍니다.
그 방법으로는 어릴 때부터 아이 스스로 무엇이든 할 수 있도록 하고 흥미로운 놀이는 반복해서 경험할 수 있도록 배려해 주는 것입니다. 이 때 집중력 또한 기를 수 있도록 도와 주어야 합니다.

♠ 남을 방해해요

어른들 중에 아무런 거리낌 없이 남을 방해하는 사람들이 종종 있습니다. 남에게 불쾌감을 주고도 사과할 줄 모르고 묵묵히 외면해 버리는 어른들의 모습에서 남을 방해하고 자기 고집대로만 하려는 아이의 행동이 키워지는 게 아닌가 싶습니다.

친구들과의 사회 생활에서 가장 중요한 것은 역시 남을 배려해 주는 마음일 것입니다.

원인

★ 욕구 불만이 강한 아이나 부모의 사랑을 독차지한 아이가 어느 날 부모의 사랑이 멀어졌다고 느낄 때 남을 방해하고 난폭해집니다.

★ 사회성이 결여되었거나 정서적으로 성숙하지 못한 아이, 또 과잉 보호나 응석받이로 자라 무엇이든 자기가 하고 싶은 대로 행동해 온 아이는 자기 마음대로 할 수 없을 때 남을 방해합니다.

★ 잔소리가 심하거나, 아이를 불신하고 무시하는 언행으로 가정 교육을 실행할 때, 또 지나치게 엄격하게 아이를 대할 때 아이는 부모를 거부하게 되고 남을 방해하게 됩니다.

★ 부모나 주위 사람들의 관심을 받지 않고 자란 아이, 매를 많이 맞고 자란 아이에게도 나타나는 행동입니다.

부모님의 도움

★ 아이의 모든 문제 행동은 가정의 분위기와 부모의 태도에서

비롯된 것입니다. 행복한 가정에서 인정받고 사랑받으며 자란 아이는 정서적으로 안정되어 있고 불만이 없으므로 남을 방해하거나 괴롭히는 일을 하지 않습니다.

항상 남의 입장을 배려할 줄 알고 다른 사람을 위해 정리 정돈을 한다든지 도와 준다든지 기다려 줄 때 사회성이 발달하게 됩니다.

★ 부모는 아이를 인격적으로 대해야 합니다.

왜냐하면 아이 자신이 존중을 받아야 스스로를 사랑하고 남 또한 존경할 수 있기 때문입니다. 부모는 형제간에도 개인차가 있다는 것을 인정하고 편애를 해서는 안 됩니다. 편애는 아이로 하여금 불만과 불신과 반항심을 가지게 하기 때문입니다. 이런 정신적인 스트레스가 쌓임으로 해서 아이는 남을 방해하는 행동을 하는 것입니다.

형제간에 싸울 때도 부모가 끼여들어 양보와 사랑을 강조하기보다는 자기들끼리 해결할 수 있도록 간섭하지 않는 것이 좋습니다.

★ 부모가 마냥 아이를 사랑스럽게만 여겨 아이 마음대로 행동하도록 내버려 두기보다는 해서는 안 되는 행동과 지켜야 할 규범에 대해서 엄격하게 가르치는 것이 필요합니다. 응석받이는 아이의 성장을 고통스럽게 할 뿐입니다.

★ 남을 방해하는 아이는 부모나 교사의 충분한 사랑과 가르침을 통해서 변화될 수 있습니다. 어린아이일 때부터 부모가 바른 삶을 살아 가는 모습을 보여 아이로 하여금 옳고 그름을 배울 수 있도록 해야 합니다.

★ 아이가 어려운 일이나 처음 해 보는 일 앞에서 두려움을 느끼

면서 망설일 때는 부모의 친절한 도움과 자세한 안내가 필요
합니다.

♠ 몸이 허약해요

건강한 아이란 밝고 행동이 적극적이며 몸에 이상이 없고 활발
한 아이라고 말할 수 있습니다.
허약한 아이는 몸이 약해서 병에 걸리기도 쉽지만 매사에 의욕
이 없고 집중력이 없으며 정서적으로 안정되지 못하고 산만해지는
문제가 있습니다.

원인

★ 애정 결핍이나 정서 불안, 긴장과 욕구 불만 등 아이가 심리적
  으로 갈등을 느낄 때 아이의 신체는 허약한 증세를 나타내게
  됩니다.
  또 하기 싫은 일을 강요당하거나 자기가 하는 일에 흥미를 갖
  지 못할 때 배가 아프거나 구토를 하고 식욕 부진을 경험하기
  도 합니다.
★ 어릴 때부터 바깥에 나가서 놀지 않고 계속 집안에서만 생활
  한 경우 운동 부족으로 몸이 약해지기도 합니다.
★ 선천적으로 약한 체질을 타고난 경우도 있고 영양 부족으로
  허약해지는 경우도 있습니다.

부모님의 도움

★ 아이를 과잉 보호하기보다는 아이의 할 일은 아이 스스로 할 수 있도록 두는 것이 바람직합니다. 부모가 대신 해 주고 도와 주는 것이 결코 '사랑'이 아님을 알아야 합니다. 가정에서는 다만 편안함을 느낄 수 있는 환경을 마련해 주는 것이 중요합니다.

★ 아이의 성장에는 언제나 적당한 사랑과 칭찬과 격려가 따라야 합니다. 무관심하게 아이를 대하면 아이는 심리적인 불안과 불만으로 무기력해져서 매사에 흥미를 갖지 못하게 됩니다.

★ 부모는 아이가 어릴 때부터 튼튼하게 자랄 수 있도록 도와 주어야 합니다. 좁은 방안에서 가족끼리만 생활하게 하는 것보다 적당한 운동과 맑은 공기 등을 마시며 맘껏 뛰놀 수 있게 하는 것이 아이의 건강에 오히려 좋습니다.

또 신경 질환 등을 일으키는 스트레스나 과잉 보호, 운동 부족 등은 성인병의 원인이 되기도 하므로 아이의 생활이 안정되도록 부모는 항상 신경을 써야 합니다.

★ 허약한 아이에게는 건강할 수 있다는 자신감을 갖게 하는 것이 무엇보다 중요합니다.

부모가 아이에게 몸이 약하다는 것을 자꾸 이야기하거나 과잉 보호를 하지 말아야 합니다. 부모로부터 이런 보호를 받은 아이는 자신이 약하다는 것을 항상 의식함으로써 자신감을 잃게 되는 수가 많습니다. 허약한 아이가 자기도 반드시 튼튼한 사람이 될 거라는 강력한 의지를 갖도록 격려해 주는 것이 필요합니다.

★ 아이의 운동은 정상적인 신체 발육에 없어서는 안 될 요소인 동

시에 지능 발달과 원만한 성격 형성에도 대단히 중요합니다. 또 운동은 건강을 전반적으로 증진시키고 모든 질병의 발병 가능성을 억제하며 신체 모든 기관이 정상적인 기능을 발휘할 수 있도록 돕는 역할을 합니다.

★ 충분한 수면과 영양 섭취를 할 수 있도록 합니다. 아이에게 필요한 영양이 골고루 들어 있는 음식을 주어야 합니다.
그러나 '양'이 너무 많으면 좋지 않습니다. 음식을 많이 먹으면 신체의 모든 힘이 소화시키는 데 집중되어 두뇌 활동이 둔해지고 다른 활동에도 지장을 주기 때문입니다.

♠ 손톱을 물어뜯어요

손톱을 물어뜯는 아이는 손가락을 빨거나 다른 물건을 빠는 것보다 더 심각한 표정을 보이고, 피가 나고 아파도 계속 물어뜯는 특징이 있습니다.

정서적으로 안정된 아이보다는 초조하고 불안해 하는 아이에게서 더 많이 볼 수 있습니다. 따라서 손톱을 물어뜯는 그 자체보다는 불안, 초조, 불면증 등으로 연결되지 않도록 해결책을 강구해야만 합니다.

원인

★ 손톱을 물어뜯는 아이는 대체로 정서적으로 불안합니다. 또 부모에게 핀잔을 듣거나 무시당하고 있다고 느낄 때, 부모가 자기 능력 이상의 기대를 하고 있다고 생각할 때 아이는 긴장

하게 됩니다.

★ 아이가 불안감이나 긴장감을 갖게 되면 그 해소책의 하나로 손톱을 뜯는 경우가 있으며, 습관이 되면 그런 행동에서 쾌감을 맛보게 됩니다.

★ 욕구 불만이 있거나 부모로부터 충분한 사랑을 받지 못할 때, 형제간이나 친구들 사이에 일어난 질투심이나 공부를 잘하지 못해 초조함을 느낄 때 손톱을 물어뜯기도 합니다.

부모님의 도움

★ 부모는 자기의 자녀가 어떤 성격이며 어떤 결함을 가지고 있는지 잘 알아야 합니다. 무서움이 많은지, 용기가 있는지, 까다롭지는 않은지를 잘 파악해야 합니다. 그리고 아이의 특성에 맞게 잘 격려해 주고, 자유로움을 경험할 수 있는 환경을 만들어 주어서 대인 관계를 원만하게 할 수 있도록 도와 주어야 합니다.

★ 여유 있는 마음과 행동으로 아이가 긴장하지 않고 편안히 지낼 수 있도록 해야 합니다. 부모가 아이에게 지나친 요구나 기대를 가져 아이를 긴장하게 해서는 안 되며, 형제간에 경쟁심을 지나치게 유발하거나 신경질적으로 다루지 말아야 합니다.

★ 잔소리나 심한 꾸중은 아이에게 좋은 영향을 미치기보다는 손톱 깨물기를 더욱 심화시키기 때문에 좋지 않습니다.

★ 손이나 손가락을 사용하는 작업이나 놀이를 하게 해서 손톱을 물어뜯을 여유를 주지 않아야 합니다. 아이의 관심을 다른 곳으로 돌려 놀이를 해 볼 수 있는 기회와 방법을 제공하는 것이 바람직합니다.

또한 손가락이나 손톱을 아름답게 생각하고 가꾸도록 하는 것도 좋은 방법입니다.

♠ 자녀의 감성지수(EQ)를 높이는 부모의 자세

아이들은 말을 먹고 자라는데, 말이라는 것은 EQ를 키워 줄 수도 있고 EQ의 싹을 잘라 버릴 수도 있습니다. 아이들은 자기 주변 환경에서 느끼고, 경험하고, 모방하며 자기를 변화시켜 나가면서 빠른 속도로 성장을 합니다.

환경은 크게 나누어서 인적 환경, 물적 환경으로 나누어 볼 수 있습니다. 인적 환경으로서는 부모, 형제, 이웃, 친구, 교사, 유명인 등이 아이들을 변화시키기도 합니다. 먼저 부모를 생각해 봅시다. 부모가 얼마나 적극적인 자세로 잘 대처하고 어떤 모습을 보여 주는가에 따라 아이들의 변화는 결정됩니다. 적극적인 사랑 표현, 꾸중, 칭찬, 격려, 동참 이러한 바른 표현이 아이들을 풍요롭게 만들어 나갑니다.

적극적인 동참으로는 최소한 주 1회 정도는 대중 목욕탕을 이용해 보십시오.

우리는 목욕탕에서 자녀와 함께 즐거운 표정으로 목욕을 즐기는 모습을 흔히 볼 수 있습니다. 대화도 표정도 신이 난다는 것입니다. 그래서 대중 목욕탕은 참으로 훌륭한 교육장이라 할 수 있습니다.

물과 피부와의 접촉, 비누거품의 부드러움과 향기는 EQ 교육과 감각 활동에도 크게 도움이 되며, 몸을 비교하면서 자연스럽게 성교육에도 도움이 될 수 있습니다. 반면 아이들이 잘 이해하지 못하면 오히려 문제가 될 수도 있습니다.

어느 일요일 날 6세와 4세 정도 아이를 데리고 목욕탕에 온 아버지를 보고 정말 한심하다는 생각이 들었습니다. 형인 듯한 아이의 한쪽 팔을 잡아당기며 때수건으로 박박 문지르는 아버지의 표정과 언어는 완전히 폭력이었습니다.

아이는 아프다고 말하기조차 무서워 흐느끼며 아버지를 공포의 눈으로 바라보았습니다. 겁에 질린 모습을 보다 못해 조심스럽게 다가가서 "아버지, 아이가 너무 아파하잖아요." 하니까 "예? 때가 많아서 괜찮아요." 하며 아이가 아파 우는데도 아버지는 막무가내였습니다. 미리 형의 모습에 겁에 질려 자기 차례를 초조해하면서 기다리는 동생의 모습이 안타깝다 못해 한심한 아버지의 자세를 보고 왜 저렇게밖에 할 수 없을까 하면서 같은 아버지로서 부끄러움과 미안함을 가졌습니다.

환경은 곧 IQ · EQ 발달에 바로 직결된다는 것을 명심하고 아이를 존중해 주는 언행 표현이 되어야 할 것입니다. 상황에 따라서는 아이에게도 '고맙다, 미안하다, 감사하다' 라는 표현을 하면서 진심으로 사과할 줄도 알아야 합니다.

어른이라는 이름으로 일방통행식으로 행동하는 일은 삼가야 할 것입니다.

물놀이를 통한 훌륭한 EQ 교육장이 지옥탕은 되지 말았으면 하는 마음 간절합니다. 아이들은 신생아 때부터 사람들의 말과 얼굴 표정에 반응하게 되므로 부모는 표정이 밝아야 합니다. 부모가 밝아야 아이들도 일상생활에서 자신있게 밝은 생활을 할 뿐만 아니라 EQ도 잘 발달됨을 볼 수 있습니다. 상대적으로 고아나 부모와 헤어져 사는 아이들 그리고 부모가 싸움만 일삼는 가정의 아이들을 살펴보면 대체로 표정이 어둡습니다.

우리 어른들의 생활이 정상화될 때 아이들도 정상아(진실한 인성형성, 사교성, 사회성, 독립성, 창의력 등을 느낄 줄 아는 아이, 표현할 줄 아는 아이)로 자라날 것입니다.

상도동 약수터 근처에서 사는 김모(5세) 아이는 하루 3~4명씩의 친구들을 폭행하고 괴롭혀서 주위 어머니들로부터 강한 항의 전화에 시달려야 했던 기억이 납니다.

담임 선생님의 눈이 잠깐만 벗어나면 옆 친구를 주먹으로 때리고 발로 차는 거친 아이였습니다. 월요일 대화의 시간에 선생님께서, "우리 친구들 중에 엄마, 아빠가 싸움하는 모습을 본 사람은 손들어 보세요." 했더니 한 반 20여 명의 아이들이 '저요, 저요' 하면서 자랑스럽게 손을 들고 흔들면서 자기가 발표하게 해 달라고 아우성이었습니다. 그중 김모 아이에게 발표의 기회를 주었더니 아빠가 엄마를 발로 차고 주먹으로 때리는 모습을 일어서서 흉내내며 그대로 표현하는 것이었습니다

부모의 폭력과 모든 행동은 무서운 전염병이라는 것을 명심하고 우리 어른들이 가정에서 싸우는 모습보다 사랑하는 모습으로 보여지길 노력하고, 언어 또한 바른말을 사용하면서 자녀들에게 편안함을 느끼도록 애써야 할 것입니다.

그렇다고 해서 아이들이 귀엽다고 유아어를 사용하는 것은 주의해야 합니다. 유행어는 시기적절하게 쓰는 것이 자녀와의 친밀감을 갖을 수 있어 대화도 더욱 풍부해지고, 아이들이 말의 재미를 배우게 되며, 친구나 선배 같은 부모로 대해 줄 때 잠재되어 있는 마음의 감동들이 하나 하나 풀려 나올 것입니다.

아이들이 가끔씩 사용하는 저속한 말을 들었을 때에는 지나치게

야단치거나 당황하지 않도록 해야 하며 한 번 더 생각해 볼 수 있는 기회를 주는 것이 바람직한 부모의 자세입니다.

일상생활에서 우리 부모들은 자녀들에게 지시어나 명령어를 사용하는 경우가 많습니다. 우리들이 아름다운 표정과 고운말을 쓰는 습관을 기를 때 자녀들은 더욱 행복감을 느끼면서 진실한 사랑을 배워 나갈 것입니다.

아이 EQ 발달을 돕는 가정에서의 20가지 부모 역할

- 아이에게 편안한 표정을 보이자.
- 편안하고 존중하는 언어(존칭어)를 구사하자.
- 야외 나들이를 함께 하자.
- 선택의 기회를 많이 주자.
- 다양한 경험을 하게 배려하자.
- 물놀이를 하자.
- 동·식물을 직접 키워 보고 관찰하자.
- 심부름을 단계적으로 시켜 보자.
- 그림을 그려 보자.
- 마주앉아 얘기해 보자.
- 꽃꽂이를 함께 해 보자.
- 요리도 함께 해 보자.
- 요구 사항을 그때 그때 들어 주는 것보다 기다려 보게 하자.
- 밝은 색의 옷을 입혀 보자(초록색＋노랑 등).
- 커텐 색과 침대 가구 색도 밝게 하자.
- 잠자리를 항상 안락하고 편안하게 하자.
- 음악을 잘 선택해서 들려 주자.

- 함께 댄스놀이를 하자.
- 함께 민속놀이를 하자.
- 동요를 불러 보자.

♠ 미래의 부모 교육

5·6월은 초록의 계절, EQ의 환경으로서는 참으로 좋은 계절입니다.

우리 인간의 심리는 주위 환경에 의해 많은 변화를 갖게 됩니다.

비 오는 날에는 다른 날에 비해 차분해지는 마음으로 커피를 마시면서 다소 우울해지는 반면, 화창한 날에는 오렌지 주스라도 한 잔 마시고 싶다는 생각이 들면서 웃음이 저절로 나며 기분이 좋아짐을 느낄 수 있습니다.

이렇게 우리 인간은 주위 환경과 색상, 소리 등에 큰 심리적 변화를 겪으면서 생활하는 것입니다.

특히 0세에서 3세(흡수기)의 유아기 때는 어머니가 입고 있는 옷이나 아이 방에 친 커텐 하나까지도 아이의 성격 형성에 크게 영향을 미친다는 점을 잊어서는 안 됩니다. 어머니는 화장 색상까지도 세심한 신경을 써야 할 것입니다. 또한 어머니의 헤어 스타일도 긴 머리나 자연스럽게 기른 머리 모양이 EQ에 좋다고 할 수 있습니다. 아이들은 짧은 머리보다는 긴 머리의 어머니를 많이 만져 보려고 하기 때문입니다. 그러면서 아이들은 감각을 키우고 촉감을 느끼면서 가끔씩 표현하며 "아! 참! 좋다. 엄마 냄새가 정말 좋아요."하며 그래서 약간의 향수를 뿌리는 것도 아이들을 배려하는 자세라고 할 수 있습니다.

　최근의 학자들이, 좋은 향은 두뇌 발달과 기억력 발달에도 좋다는 연구를 발표한 바 있습니다. 긴 머리, 밝은 색의 입술, 약간의 향기나는 어머니로 가꾸어 보세요. 어머니는 물론 온 가족이 바로 아름다운 꽃으로 변화될 것입니다. 그리고 아이들이 숨어서 숨바꼭질을 즐길 수 있는 긴 치마도 입어 보십시오. 아이들은 긴 치마 속으로 들어가면서 "나 어디 있나 찾아보세요." 하면서 즐거워할 것입니다.

　아이를 진정으로 아끼고 사랑한다면 먼저 남편을 사랑하는 모습을 아이들에게 보여 주는 것도 중요합니다. 그럴려면 우선 마음으로부터 여유를 가져야 되며 아침 저녁, 하루 두 번씩(출·퇴근시) 꼭 안아 주고 엉덩이를 툭툭 때려 주는 것을 게을리해서는 안 될 것입니다. 그러면서 사랑을 느끼게 해 주고 미소 운동 또한 전개해 봅시다.

　거울 앞에서 화장을 할 때 자신의 얼굴에 제일 잘 어울리는 미소는 어떤 모양일지를 자세히 보고 나만의 미소를 찾아봅시다. 그리고 전화 벨이 울릴 때도 즐겁고 예쁜 자세로 받아 봅시다. 전화상의 대화는 듣는 이와 옆에서 보는 모든 이의 마음을 편안하게 하는 반면에, 불안하게 만드는 것도 전화일 수도 있다는 것을 생각하고 예절바른 인사말과 자세를 보이면서 전화를 걸고 받는 습관을 길러야 합니다.

　예쁜 자세가 몸에 익숙해질 때까지 전화기 앞에 메모지보다는 대형 거울을 놓아 보십시오. 자기를 비춰 주는 인격의 거울은 아이들일 수도 있지만, 자기 모습을 잘 비춰 주는 것은 바로 전화기 앞에 있는 거울일 것입니다. 거울을 보고 웃어 보십시오. 웃는 순간 마음도 즐거워지며, 어느 새 기쁨과 작은 행복감을 느낄 수 있을 것입니다. 아침에 일어나서 곧바로 거울을 호호 불면서 깨끗하게 닦아 주고 거울을 보면서 얼굴과 마음의 화장을 해야 합니다.

그리고 콧노래를 부르면서 아침을 맞아 보십시오. 여유와 풍요로움을 느끼는 자신의 변화된 모습을 보고 가족 모두는 활기 찬 하루가 시작될 것입니다. 신나는 생활을 잘 할 수 있는 힘을 얻을 것입니다. 남편이 퇴근할 때 단정한 모습과 반가운 마음으로 맞이할 때 남편 또한 아내를 존중하면서 진정으로 사랑할 것입니다. 이런 모습을 보고 자라는 아이들은 따뜻한 사랑과 행복한 분위기를 먹으면서 성장할 수밖에 없습니다.

엄마와 아빠가 싸움하는 모습만 보고 생활한다면 이 아이는 반드시 폭력아가 되어 버린다는 것을 우리 부모들은 잠시라도 잊어서는 안 될 것입니다. 서로 사랑하는 것보다 더 중요한 것이 있다면 바로 서로를 존중해 주는 것입니다.

아이들에게도 존칭어로 대해 주십시오. 그리고 부부관계에서는 더욱더 존대어가 생활화돼야 합니다. 신세대 부부는 상대방의 호칭을 다양하게 부르는데, 이는 감성적으로 결코 바람직하지 못합니다. 오빠, ○○씨, 아저씨, 심지어 야, 자, 너무 무시하는 언어까지 구사하는 것을 우리는 흔히 볼 수 있는 것이 현실입니다, 이는 부부관계에 있어서도 바람직하지 못하지만 자녀 교육에는 더더욱 바람직하지 못합니다. 일상 생활에서의 말, 언어를 생각해 봅시다. "밥 먹어, 빨리 먹어, 안 먹을 거야"를 "밥먹자, 어서 먹어야지, 어서 먹자"로 아이가 밥을 먹기 싫어하거나 밥을 먹고 싶어하거나 육식을 먹고 싶어하거나 야채를 먹고 싶어하는 것은 아이들의 고유한 선택권리인 것입니다.

　가끔씩은 아이들을 우리 집에 찾아온 손님 중에 제일 귀한 손님으로 생각하고 대해 주어야 합니다. 우리 아이들이 인격적인 대우를 받을 때만이 좋은 인성이 형성되기 때문입니다.

가정에서 부모가 도와 줄 수 있는 어린이 IQ · EQ 발달을 돕는 자세를 생각해 보면,

- 밝은 색의 옷을 스스로 선택해서 입을 수 있도록 합시다. 옷을 입고 벗고 하는 방법만 보여 주고 , 특히 벗고 나서는 걸어 두는 것과 정돈해서 접는 방법도 보여 주십시오.
- 이닦기, 세수하기, 머리 감기, 머리 말리기, 비누 사용하기, 휴지 사용하기, 수건 사용하는 방법을 자세하게 보여 주십시오.
- 이부자리를 정리하는 것도 보여만 주고 스스로 할 수 있는 기회를 주십시오.
- 비 오고 바람 부는 날 함께 걸어 보십시오.
- 자동차 세차를 함께 해 보십시오.
- 선물은 주지만 말고 받는 기회도 마련하십시오.
- 적당한 심부름을 단계적으로 시켜 보십시오.
- 아이들 주위의 물건에는 이름을 붙여 놓아 물건의 기능을 잘 알도록 해 주십시오.
- 장난감을 잘 씻고 헹구고 수건으로 잘 닦아 정리하도록 하십시오.
- 실내화 · 인형 · 양말을 씻으면서 물과 함께 감성을 키울 수 있는 기회를 주십시오.
- 우유 · 주스 등의 음료를 스스로 컵에 따라 먹을 수 있도록 하십시오. 가끔씩은 아이가 꺼낼 수 없는 곳에(약간 높은 곳)

두고 아이를 관찰하십시오.

- 가족들의 양말과 속옷을 분류하여 정리하게 하십시오.
- 식물과 동물을 가꾸고 키워 볼 수 있도록 하십시오.

진정으로 아이를 잘 키울 수 있는 사람은 부모뿐입니다. 아이가 훌륭하게 성장하기를 원하시면 먼저 좋은 부모, 느낄 줄 아는 부모, 아름다움을 표현하고 슬픔의 눈물과 감격의 눈물을 흘릴 줄 아는 부모의 가슴으로 끌어 당겨, 아이들이 사랑을 느끼면서 잠자리에 들도록 하십시오. 이렇게 작은 사랑의 실천이 가장 안락한 침대가 될 때 진정 우리 아이들은 행복해 질 수 있으며, 미래에 결코 고개 숙인 부모가 되지 않을 것입니다.

부록
전통 태교에는 어떤 것이 있을까요?

1. 태몽

― 여보, 나 꿈꿨어요

전통 사회의 육아에서 태몽은 중요한 비중을 차지하였다.

태몽은 합방 전, 임신 중, 때로는 출산 전야, 출산 직후에도 꿀 수 있다. 태몽은 태어날 아기의 성별과 운명을 예언한다고 믿었고, 임부 자신, 남편, 시댁, 친정의 가족, 친지, 이웃, 노비 등의 순서로 꿈을 꾸었다.

『삼국유사』에 따르면 원효는 모친이 유성을 꿈꾸고 낳았으며, 보희 선사의 비석에도 모친의 햇무리 태몽이 기록되어 있다.

또 정몽주의 태몽도 난초꿈이어서 아몽이 몽란이었으며, 율곡의 태몽은 용꿈이었다고 한다.

그러면 나의 꿈은?

―남 태몽과 여 태몽

전통 사회에서 태몽은 태아의 성별과 운명을 예언하는 징조로 믿어졌다.

곰과 큰 곰은 남아의 태몽이고, 작은 뱀과 뱀은 여아의 태몽으로 믿어져 왔다. 해와 달을 삼키거나 안거나 치마 밑에 감추는 꿈은 큰 인물이 될 남 태몽이며, 달이나 별을 보거나 안거나 가까이 하는 것도 큰 위인이 될 남 태몽으로 생각하였다. 학, 호랑이, 용, 밤, 호도, 고추, 큰 물고기, 큰 돼지, 소, 거북, 말, 비단옷, 관대, 신주, 부처,

술잔 등도 남 태몽으로 인식되어 왔다.

꽃, 뱀, 작은 물고기, 보리 이삭, 금반지, 앵두 등은 여 태몽이며, 남 태몽과 여 태몽을 함께 꾼 후 태어난 아기는 여장부의 운명이라고 믿었다.

2. 태교

한국 전통 사회의 육아는 태교에서부터 시작되었다.

임신 이전부터 출산할 때까지 심신이 건강한 아기를 갖도록 부모가 함께 태중 교육을 실시하였다.

우리 나라 태교에 관한 기록으로는 고려 말기 정몽주의 모친 이씨의 「태중 훈문」이 가장 오래된 것이다.

조선조에는 『동의보감』 같은 의학서, 『규합 총서』 같은 여성 생활 백과 사전 등과 『소학』, 『계녀서』, 『성학집요』 등의 교육 교양서를 통해 태교가 보급되다 마침내 본격적인 태교 연구서인 『태교 신기』가 출간되었다.

조선 시대에 보급된 태교는 근세에 이르러서는 천도교의 경전 중 내칙에서도 발견된다. 또한 삼태도, 칠태도로 민간에 전해지는 외에 구전되어 온 태교 내용 등도 기록된 태교 내용과 거의 일치하고 있다.

— 잉태 전의 태교

전통 사회의 태교는 임신 이전부터 시작되었다.

『동의보감』에서는 임신 전의 모체는 월경이 정상적이며 마음이 온전해야 하고, 부체 역시 정이 충실하고 욕망이 적으며 마음을 맑

196

게 가지는 것이 자식을 두는 상책이라 하였다.

임신 전의 심신 관리는 자녀 잉태에 부모가 그만큼 정성을 다할 것을 요구한 동시에, 잉태를 위해서 이미 부모가 될 신체적·심리적 준비를 갖출 것을 강조한 것이다.

즉, 심신이 건강한 부모에게 건강한 태아가 잉태된다는 현대 의학의 견해와 일치된다.

— 부성 태교

『태교 신기』에서는 잉태될 때 부친의 청결한 마음가짐이 모친의 10개월 태교 못지않게 중요하다고 강조하고 있다. 출생 후 아이의 지각이 맑지 못한 것은 오로지 부친의 허물이라고 하였다.

— 부성 태교의 협력

임부의 태교를 지원하고, 부성 의식을 발아시키는 노력이다.

"아비 될 자격", "계집 간수 아비 자격"이란 속언은 부성 태교를 가장 적절히 표현해 주는 말이다. 임부에게 적절히 협력하고 임부가 태교를 잘 하도록 하는 것은 전통 사회의 임부 지위와 대우가 곧 지아비의 관심에 달려 있기 때문이었다.

또 언어, 행동, 사고에 분별 있고 살생을 금하는 것이 부성 태교였다.

— 합방 기피 사항

인기(人忌), 지기(地忌), 천기(天忌)가 있는데, 인기란 부체가 중병 후, 크게 기쁠 때나 크게 슬플 때, 과식 또는 허기질 때, 음주 후 혼미할 때, 목욕 직후 두 발이나 몸이 마르지 않았을 때, 집안에 근신할 일이 있을 때 합방을 금하는 것을 말한다.

지기는 신묘, 절간, 사당, 부뚜막, 뒷간 등 합방의 장소가 안방이 아닌 곳을 기피하는 것을 말한다.

천기란 천재, 기후 등의 움직임이 예사롭지 않을 때의 합방을 피하는 것으로 음력 초하루, 보름과 그믐, 정월 초하루, 칠월 칠석 등 날과 달이 겹치는 날, 썰물 때, 큰비, 짙은 안개, 해·달·별빛 아래 등에서의 교합 금지를 말한다.

이를 어기고 잉태된 자식은 각종 심신 장애나 가도(家道)를 그르칠 성품으로 태어난다고 하였다.

—성태 후의 금욕

구전 태교와 일치되는 사항으로 임신 초기의 성교는 유산, 말기의 성교는 조산과 관계되고, 태아의 세균 감염도 성교와 관계된다는 사실에서 타당성을 지녔다고 볼 수 있다.

—성태 후에 가까이 할 것

귀인과 호인(모습이 온전한 사람)의 초상, 백벽옥, 공작, 신선 그림, 관대, 주옥 등 고귀함을 지닌 물품으로서 이 고귀함을 상징하는 것들이 태아에게 투자되도록 희망하는 한편, 임부가 이런 물품을 가까이 하여 정서적으로 편안해지도록 하였다.

— 성태 후에 보고 듣지 않아야 할 것

광대 놀이, 난쟁이, 병신, 몹쓸 병자, 원숭이, 무지개, 벼락, 번개, 월식, 일식, 유성, 혜성, 물이 넘치는 것, 큰불이 붙는 것, 집이 무너지고 큰 나무가 찍히는 것, 짐승·벌레 등의 병들고 상한 모습

이나 음란한 모습, 굿거리, 잡노래, 술주정, 아낙네의 술주정과 욕
질, 싸움, 서러운 곡성, 희롱하고 다투는 것, 각종 형벌하는 모습 등
은 임부의 정서에 좋지 않은 영향을 주고 태아에게 유해하다고 여
겨 보고 듣지 않도록 하였다.

—성태 후의 좋은 음식

자식이 단정하도록 잉어를 먹었고, 자식이 슬기롭고 힘이 세진
다 하여 소의 콩팥과 보리밥을 먹었다. 또 가물치를 먹으면 자식이
총명해지고, 고추를 먹으면 남아가 된다고 믿었다.

—임부가 삼갈 행동

사람을 해치는 일, 생물을 죽일 뜻을 품는 일, 탐욕, 도둑질, 시
기, 증오, 화내기, 말할 때 손짓 하기, 웃을 때 잇몸 보이기, 희롱하
는 일, 짐승이나 노비 꾸짖는 일, 타인을 헐뜯는 일, 귓속말, 말 전
가, 수다 떨기, 엿보기, 곁눈질, 손가락질과 발길질 등 대체로 태아
의 인품 형성에 좋지 못한 행동은 적극 삼가도록 하였는데, 이런 금
기는 곧 임부의 정서 관리를 위한 것이기도 했다.

—임부가 근신할 행동

상류층의 임부를 제외하고 서민층 임부는 일상 생활 중에 거의
하지 않을 수 없는 행동이나 가능한 한 근신할 것을 권하는 행동으
로는 부부 합방, 과식, 늦잠, 허기, 옷을 너무 덥거나 춥게 입지 말
것, 찬 데 더러운 데 앉지 말 것, 높은 뒷간에 오르지 말 것, 밤중이
나 비바람 중에 외출하지 말 것, 산에 가지 말 것, 우물과 옛 무덤을
엿보지 말 것, 무거운 것을 들거나 과로하지 말 것, 침 · 뜸 · 약을

망령되이 쓰지 말 것, 어깨 뒤로 돌아보지 말고, 오른쪽의 것을 왼손으로 왼쪽의 것을 오른손으로 집지 말 것, 모로 눕거나 엎드리지 말며, 모양이 바르게 베어진 것이 아니면 먹지 말 것 등이 있다.

이러한 근신 내용은 모든 임부의 정서가 태아에게 미칠 영향을 고려한 것이며, 낙태의 위험과 임부의 건강을 위해 유의한 것으로 해석할 수 있다.

　—음식 금기

음식 금기는 전통 사회다운 미신적 요소가 없지 않지만, 불결하다고 생각되는 음식이 임부의 정서에 미칠 영향을 고려한 의도로 해석할 수 있다.

뿐만 아니라 음식 관리는 곧 임부와 태아의 건강 관리라는 관점에서 해석되어야 할 것이다.

썩었거나 벌레 먹은 것 등의 상한 과일, 날 채소와 참외, 냄새와 빛깔이 나쁜 음식, 먹다 남은 음식, 정성이 담기지 않은 태도로 던져 주는 음식이나 누룽지, 엿기름과 마는 태를 삭이고, 모밀과 용수는 태를 떨어지게 하며, 개고기는 벙어리를 낳게 하고, 양의 간은 우환 많은 아이를 만들며, 닭고기와 알, 찹쌀을 함께 먹으면 아이에게 흰백층이 생기고, 오리 고기는 태아를 거꾸로 낳게 하며, 참새 고기는 아이를 음란하게 하고, 게를 먹으면 언청이가 되며, 생강을 먹으면 육 손가락 아이가 되고, 임신 5~7월에 문어, 낙지, 우렁이, 고둥, 오징어 등 뼈 없는 고기를 먹으면 등뼈 없는 아기가 되고, 가재, 게 등을 먹으면 뼈가 밖으로 나온 아이가 된다 하여 금하였다.

3. 전통 태교의 타당성

—임부의 섭생

임부에게 권장 음식이나 금기 음식이 있었던 전통 태교는 임부 건강과 태아 발육에서 그 타당성을 찾을 수 있다.

전통 사회의 인식으로 정갈하고 영양가가 높다고 인식되었던 잉어, 소의 콩팥, 가물치, 보리밥 등의 권장 음식은 곧 임부의 영양이 미숙아, 기형아, 사산, 조산, 출산 시기, 병에 대한 아기의 저항력과 지능 등과 관련된다는 연구들로써 설명될 수 있다.

—정서 및 건강 관리

전통 태교에서 가장 무겁게 본 임부의 정서 관리는 먹는 음식, 앉는 자리, 보고 듣고 말하는 모든 동작에서 매우 엄격하였다.

임부의 흥분, 놀람, 불안, 긴장은 아기에게 좋지 않은 영향을 미친다고 믿었기 때문이었다. 중요한 임부의 정서 관리를 위해 각종 금기와 함께 사상, 공작, 관대, 주옥 등 임부가 감상할 물품을 내용으로 한 태교가 요구되었다.

—약물의 복용

임부가 질병에 걸리면 약물을 복용하지 않을 수 없게 되는데, 전통 태교에선 임부의 출입을 규제함으로써 전염병에 감염되거나 각종 위험에 노출되는 것을 사전에 예방하도록 하였다.

풍진을 앓은 산모가 각종 장애아를 출산했던 오스트레일리아의 예는 의학이 발달하지 못한 시대의 임부가 조심하고 삼갈 행동을 밝힌 태교의 의의를 설명해 준 좋은 사례라 할 수 있다.

인간 교육에 대한 한국 전통 사회의 태도는 대단히 엄격했습니다. 그래서 1차적으로 아이가 태어나기 이전, 즉 잉태 이전의 양친 자격을 중요하게 보았습니다.

한 인간을 생산, 교육하기 위해서는 잉태하기 전 여자에겐 모친의 자격이, 남자에게는 부친으로서의 자격이 요구되었습니다.

인간 교육에 대해 이렇게 무겁고 신중하게 공을 들여 생각했던 태도는, 잉태 중 양친이 실천하는 교육적 노력이 간접적으로 태아를 교육한다는 태교 사상에 이르게 하였습니다.

그래서 한국 전통 사회에서의 신생아는 이미 모친을 통하여 태중에서 엄격한 교육을 받고 출생하였다고 볼 수 있습니다.

이러한 것은 태아에게 생명의 존엄성 및 인격을 부여한 것이고, 인간의 교육이란 생명의 잉태 이전과 잉태 중에 시작되어야 한다는 것을 말합니다.

이런 점을 명심하시고 올바른 하나의 인격체를 위하여 항상 언행을 바르게 해야 할 것입니다.

4. 옷의 감촉과 색상은 아이의 정서 발달에 영향을 미친다

—아기의 옷과 목욕 방법

『동의보감』과 『규합 총서』의 소아 보호법에 따르면, 아기 옷은 70 노인의 고의로 지어 장수가 아이에게 이어지도록 하였다.

아기 옷은 새 옷이나 짜투리 천으로 짓지 아니하며, 하의가 없는 백색상이고, 소매가 길어 손을 가리고, 깃이 없으며, 고름은 긴 실이나 띠로 하여 장수를 기원했다.

기저귀를 사용하지 않았으며, 솜을 넣지 않은 홑옷이나 겹옷을 계절마다 갈아입혔다. 색은 주로 노랑, 파랑, 초록 등 밝은 색이었다.

민간에서는 인삼 달인 물이나 들기름을 한 숟갈 넣어서 목욕시켰다.

5. 젖아기 키우기

"어릴 때부터 훌륭한 호칭으로 불러라"(훌륭한 인물이나 바라는 인간상으로).

—아명 짓기와 장수 소원

"대역, 소역 다 치러야 내 자식", "자식은 잘 길러야 반타작"이란 속언이 통했던 전통 사회에서는 유아 사망률이 아주 높았다.

따라서 아기의 장수를 기원하기 위해 지어진 아명의 특징은 다음과 같았다.

첫째, 아명은 천한 막이름이라는 점이다. 개똥이, 똘똘이, 망아지, 쇠니 등. 귀신을 속이기 위해 남아에게 여아명을 지어 부르기도 했다.

둘째, 당시 사회에서 큰 힘을 지녔다고 인정하는 대상의 힘을 빌리려는 규감 주술적인 사명으로서 바우, 도치, 차돌이, 또바우 등이 있었다.

셋째, 여아명은 남동생을 청하라는 뜻과 딸은 사양한다는 뜻에서 놈이, 후놈이, 바래후불이, 양념이, 꼭지, 딸막이 등으로 불렀다.

넷째, 생년월일을 포함시켜 갑돌이, 경놈이, 무원이, 을남이 등

으로 지었고, 여아에게는 구월이, 삼월내, 춘자, 갑순이 등이라고
불렀다.

다섯째, 태몽을 넣어 범이, 용이, 난이 등을 아명으로 하였으며,
신체적 특징과 함께 점순이, 점바우 등으로 부르기도 했다.

또 태어난 장소를 고려해서 외순이, 마당례, 콩짐이 등으로 불렀
으며, 남아가 아니므로 분하다 하여 '분이, 분놈이 등으로 부르기도
했다.

강한 자연들에 단명할 사주를 타고난 아기를 팔아서, 그 자연들
의 이름을 아명에 반영하기도 했다. 용팔이, 바우, 범이, 무장엄미
등이 그것이다.

─젖꼭지 짜 주기와 목욕법

여아는 삼칠일 전에 반드시 유두를 짜 주었다.

그래야 이 여아가 모성이 될 때 수유에 편리한 유두를 갖기 때문
이다. 그렇지 않으면 유두가 함몰되어 발육하기 때문에 성인이 되
었을 때 수유를 할 수 없게 된다고 한다.

아기의 목욕은 첫날에는 머리에서 시작하고 다음날은 발에서 시
작하였는데, 격일로 번갈아 이 순서대로 했다.

그 이유는 항상 상체나 하체를 먼저 씻기면 씻긴 부분이 더 발육
하여 기형이 된다고 믿었기 때문이다.

─수유, 유모 선택법 및 양아

"모유는 성장에 필수."

전통 수유법의 두드러진 특징은 '왼쪽 안기'였다.

왼쪽으로 안고 수유했기 때문에 왼쪽 유방만 유난히 큰 짝젖이

많았다. 이는 태아기에 들었던 모체의 심장 고동 소리를 수유할 때에도 들을 수 있게 해 아기에게 정서적 안정감을 주기 위해서였다.

전통 사회에서는 수유 태도를 대단히 중요시하여 수유할 때 시부모의 감독을 받았으며, 담뱃대로 얻어맞는 일까지 있었다.

수유 전에 유방을 맛사지하고, 옷섶에 바늘이 꽂혔나 살펴보며, 아기는 왼쪽으로 안고, 유방이 아기 코에 닿지 않게 하며, 유즙을 먼저 짜 버린 다음에 먹였다.

아기가 웃거나 울고 난 직후, 어머니가 졸릴 때, 아기가 밥 먹은 다음엔 수유하지 않았다. 수유할 때는 아기를 웃기지 않았으며, 쓰다듬어 주며 먹였다. 한편 수유모는 인삼, 엿기름을 먹지 않았다.

생모의 건강이 나쁠 때, 또 상류층의 가정에서는 유모를 구해 아기를 키우기도 했다. 이런 경우를 위해 유모 선택법이『동의보감』과『규합 총서』에 나타나 있다.

유모는 정신이 상혜하고, 성정이 온화하며, 살집이 충비하여 병이 없고, 차고 더움을 조절할 줄 알며, 젖 빛깔이 짙은 흰색이고, 음양 교접시 수유하지 말며, 술을 자주 마시지 않고 근신할 줄 알며, 차고 더운 것을 무릅쓰고 급유하지 않아야 한다.

—아기 행사와 감각 훈련

무엇이든 골고루 냄새 맡게 하고 맛을 보게 해 주는 것이 중요했다.

아기 사망률이 높았던 전통 사회에서는 당시 사회 나름의 발상에서 일정 시기를 무사히 넘길 때마다 행사를 치렀다.

삼칠일은 생후 21일째 되는 날 금줄을 풀고 이웃과 친지에게 아기를 소개하는 잔칫날로, 이 시기쯤 되면 아기 배꼽이 아문다.

백일은 완전수를 의미하는 날로 두 번째 사망 고비를 무사히 넘긴 기념으로 조촐한 잔치가 열렸다.

첫돌은 세 번째 위험 고비까지 넘긴 아기에게 돌상을 차려 주고 아기의 장래를 점치며 축하했다.

삼칠일엔 흰 밥알을 미역국에 적셔 아기 입에 넣어 주고, 백일엔 백일 떡과 밥과 미역국을, 돌날에는 더 다양한 음식을 맛보였는데, 이는 편식을 예방하고 부자 되란 뜻이 담겨 있었다.

삼칠일에서 돌까지 아기의 발육 정도에 따라 점진적으로 미각 훈련을 다양하게 시켰기 때문에, 인지 발달을 자극해 준 육아법이라고 할 수 있다.

─젖아기 놀이와 업는 법과 안아 주는 법

전통 사회에선 다양한 젖아기 놀이를 창안하여 동작 훈련을 시켰다.

'도리도리'로 오래 누워 있는 아기에게 목 운동을 시켰고, '짝짜꿍'으로 눈과 손의 협응을 도모했는데, 이것은 아기가 보고 손을 뻗쳐 잡는 발달 과업의 준비였다.

또 '곤지곤지'는 눈과 손의 협응을 위한 고급 과정이었으며, '잼잼'은 손가락의 근육 기능 훈련으로서 쥐는 동작에 필요한 것이었다.

서기 전에 '고네고네'로 아기의 다리에 힘을 올려 주었고, '불무불무'로 전신 운동을 시켜 이 시기의 발달 과업에 자연스럽게 대치시키면서 성인과의 친밀감, 리듬 감각의 발달을 도왔다.

생후 1개월 정도가 되면 아기를 업기 시작했는데, 태중에 있을 때의 자세대로 업어 주었다. 이렇게 업는 방식은 아기가 새로운 생활에 불안감 없이 적응하도록 함으로써 아기의 신뢰감 형성에 도움을 주었고, 성인과 체온을 나눔으로써 상호간의 애정 발달을 촉진할 수 있었다.

또 어른이나 나이 어린 아동이 업고 다녔기 때문에 아기는 이들의 생활을 등에 업혀 구경하면서 세상을 학습하고 자신의 발달을 촉진시킬 수 있었다.

—아기의 외출
아기는 성인의 등에 업혀 외출을 했다.

마을을 벗어나는 외출일 때는 뒷간 다녀가기, 황칠하고 외출하기 등의 예방법이 있었다. 뒷간을 다녀가면 암모니아 가스로 잡균이 소독되고, 또 고약한 냄새가 도중에 귀신을 쫓는다고 믿었다. 아기 얼굴에 검정을 칠하는 것은 나들이 길에서 만날 수 있는 잡균을 숯검정으로 소독하는 동시에 귀신을 만나더라도 황칠로 흉해진 아기를 보고는 잡아가지 않도록 위장하는 것이었다.

그래서 예쁜 아기도 예쁘다, 잘생겼다 하지 않고 대신 밉다고 표현했다.

이 정도로 아기의 외출에는 세심한 관심을 기울일 필요가 있다.

어떤 환경에서 어떤 것을 보여 주고 어떤 소리를 들려 주는 곳으로 외출한 것인가를 신중하게 선택하여야 한다.

감성 발달을 돕는 부모 역할

1995년 4월 24일 1판 1쇄
1997년 7월 10일 2판 1쇄
2012년 6월 10일 2판 16쇄

지은이 : 김성의
편집 관리 : 그림책팀 | 제작 : 박홍기 | 마케팅 : 이병규, 이민정, 김선영
출력 : 한국커뮤니케이션 | 인쇄 : 풀빛디엔피 | 제책 : 창림P&B

펴낸이 : 강맑실
펴낸곳 : (주)사계절출판사 | 등록 : 제 406-2003-034호
주소 : (우)413-756 경기도 파주시 문발동 513-3
전화 : 031)955-8588, 8558 | 전송 : 마케팅부 031)955-8595 편집부 031)955-8596
홈페이지 : www.sakyejul.co.kr | 전자우편 : skj@sakyejul.co.kr
독자카페 : 사계절 책 향기가 나는 집 http://cafe.naver.com/sakyejul
트위터 : http://www.twitter.com/sakyejul | 페이스북 : http://www.facebook.com/sakyejul

ⓒ 김성의, 1995

값은 뒤표지에 적혀 있습니다. 잘못 만든 책은 구입하신 서점에서 바꾸어 드립니다.
사계절출판사는 성장의 의미를 생각합니다. 사계절출판사는 독자 여러분의 의견에 늘 귀기울이고 있습니다.

ISBN 978-89-7196-843-7 23380